DX 3.0 시대의 미디어 플랫폼

전략과 정책

방송문화진흥총서 243

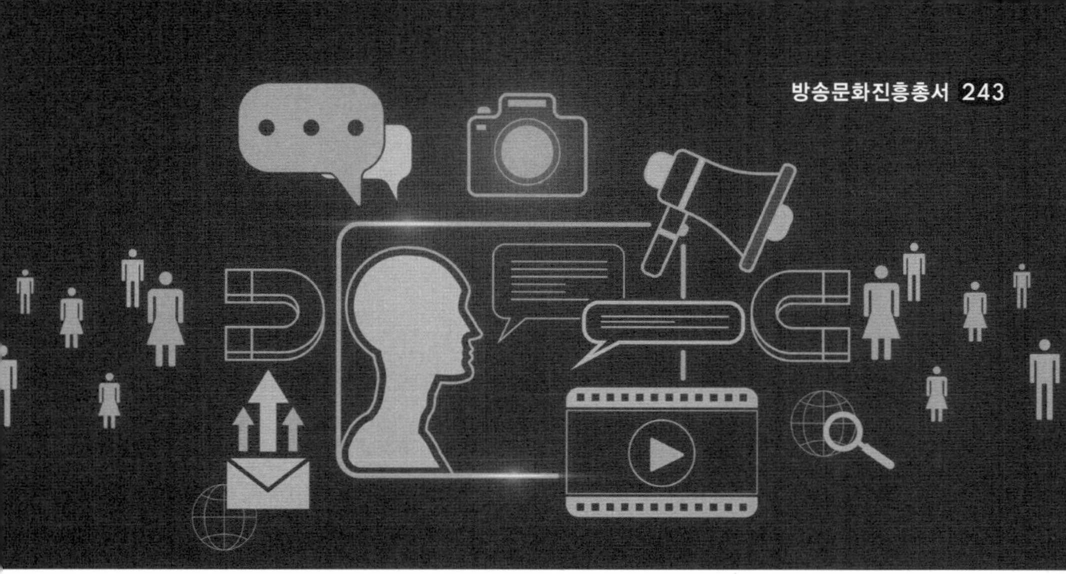

DX 3.0 시대의 미디어 플랫폼

전략과 정책

이상원 지음

한울
아카데미

차례

표·그림 차례

감사의 말

2020년에 『디지털 트랜스포메이션과 동영상 OTT 산업: 전략과 정책 방향 모색』을 출간하면서 방송·영상 분야와 관련된 미디어 플랫폼 산업의 핵심적인 분야인 OTT 산업에 관해서 소개하고 국내 동영상 OTT 산업의 향후 경쟁전략 방향과 정부의 정책 방향을 다룬 바 있다. 그 이후 4년이 넘는 시간이 흘렀다. 그동안 국내 미디어 시장에 글로벌 미디어 플랫폼 사업자가 미치는 영향은 더 커졌고, 정부와 국내 미디어 플랫폼 사업자들의 고민도 그만큼 더 커진 것으로 보인다.

이 책은 지난 4~5년 동안의 동영상 OTT 산업을 중심으로 한 미디어 플랫폼 산업의 변화를 다루면서 지속가능한 국내 미디어 플랫폼 산업을 위해 미디어 플랫폼 사업자와 정부가 숙고할 필요가 있는 전략과 정책을 포함하고자 시도했다. 전반적으로 국내 미디어 플랫폼 산업의 변화를 다루기 위해 동영상 OTT 산업뿐만 아니라 FAST 서비스의 등장과 전략, 유료방송 플랫폼의 변화와 전략적 과제 등을 다루고 있다. 이와 함께 생성형 AI 등 AI가 미디어 플랫폼 산업에 미치는 영향 등도 포함하는 등,

가능하면 영상 콘텐츠 중심의 미디어 플랫폼 산업의 빠른 변화를 이 책에 담아보고자 시도했다.

부족한 점도 많은 저서이고 집필하는 동안 경희대학교에서 학과장직을 맡게 되어 충분한 시간을 확보하기 쉽지 않은 점 등 몇 가지 어려운 점도 있었지만 이 책이 완성되는 데는 많은 분들의 도움이 컸다고 생각된다. 먼저 저서의 연구와 집필을 지원해 주신 방송문화진흥회에 진심으로 감사의 말씀을 전하고 싶다. 또한 이 책의 제목, 내용 및 편집 등 모든 어려운 출판 과정을 맡아주신 한울엠플러스사에도 감사의 말씀을 전한다. 특히 한울앰플러스의 조수임 팀장님께서는 매우 바쁜 편집 일정에도 불구하고 원고를 꼼꼼하게 교정해주시고 책 표지부터 그림, 표 등 모든 부분을 편집해 주셨다.

또한 따듯하게 항상 저자를 격려해 주신 경희대학교 미디어학과 모든 교수님들께 깊이 감사드리지 않을 수 없다. 특히 이 책을 집필하는 동안 가족들의 도움이 없었다면 이 책은 완성될 수 없었을 것이다. 아내와 아들 진현은 힘든 시간을 보내는 동안 큰 사랑과 응원을 아끼지 않았다. 장인, 장모님은 항상 사랑과 격려가 담긴 응원을 아낌없이 보내주셨다. 무엇보다도 이미 작고하신 부모님과 가족의 희생과 사랑이 없었다면 현재의 저자는 없었을 것이다.

이 책이 미디어 플랫폼 산업에서의 혁신 성장과 민주주의의 균형과 조화를 도모하는 데 작은 밑거름이 될 수 있기를 희망한다.

프롤로그

코로나19 시기를 거치면서 디지털 전환(Digital Transformation: DX)의 확산이 가속화되면서 개인, 기업, 사회 전반에 영향을 미치고 있다. 조직적 차원에서 접근했을 때 DX는 기업 또는 조직이 새로운 비즈니스 모델이나 서비스(또는 제품)를 창출하기 위해 전략적으로 디지털 기술 역량을 활용함으로써 고객과 시장의 파괴적인 변화에 적응하거나 이를 추진하는 지속적인 하나의 과정으로 이해할 수 있다.

미디어 산업 관련 분야에서 DX 현상의 특징이 가장 잘 반영되어 나타나고 있는 분야는 미디어 플랫폼 산업이라고 볼 수 있다. DX의 빠른 확산으로 글로벌 미디어 시장 추세와 유사하게 최근 국내에서도 미디어 플랫폼 이용자가 빠르게 증가하고 있다. 예를 들어 국내 동영상 OTT(Over-the-Top) 플랫폼 이용률은 2017년 36.1%에서 2020년 66.3%, 2023년 약 77%로 빠르게 성장 중이며, 이와 함께 다중 유료 OTT 플랫폼 이용자도 증가하고 있으며, 국내 미디어 플랫폼 산업 규모도 지속적으로 성장 중이다.

이와 같이 ICT 및 미디어 산업의 환경적 요인 중 하나로서 논의되고 있는 디지털 전환은 향후 패러다임 변화가 예상된다.

DX 1.0 패러다임은 1999년 이후 브로드밴드 기술의 상용화가 가져온 기술적 융합이 플랫폼을 통해 초기 구현된 기술적 특징을 가지고 있으며, 산업적 측면에서는 통신산업의 빠른 성장, 방송통신 융합, 케이블 및 IPTV 등 유료방송의 성장 시기와 일치하고, 효율성 및 생산성 추구를 통한 혁신 성장이 주된 추구 가치였던 시기로 볼 수 있다. DX 1.0 패러다임은 2010년 이후 AI, 빅데이터 등 DX 주도 기술의 다양한 전략적 활용을 통해 효율성, 생산성 및 융합의 고도화를 추구한 DX 2.0 패러다임으로 변화하였으며, 코로나 19는 이와 같은 DX 2.0 패러다임이 성숙기로 이행하는 데 기여한 것으로 보인다.

DX 2.0 패러다임 시기 동안 DX는 각 기업의 생산성과 효율성을 강조하면서 혁신 성장의 주요 동인으로 성장에 기여해 왔으나 성숙기를 거치면서 다양한 사회적 문제도 제기되고 있다. 예를 들어 플랫폼 효과에 따른 플랫폼의 대형화와 이에 따른 문제, 글로벌 디지털 플랫폼 사업자의 영향력 증대, 디지털 플랫폼 이용자 보호 및 플랫폼의 사회적 책임 문제 등이 지속적으로 제기되고 있는 것이 좋은 예라고 볼 수 있다.

향후 디지털 전환은 이종 기술 및 이종 산업 간 융합으로 현재보다 더 다양하게 진화하며 혁신 성장을 추구하면서도 기업의 적절한 사회적 책임이 균형을 이루게 되는 DX 3.0 패러다임으로 변화할 가능성이 커지고 있다. DX 3.0 패러다임에서는 6G, 메타버스(metaverse), 블록체인 등 현재보다 더 다양한 DX 주도 기술이 기존의 AI, 빅데이터 등의 기술과 창의적으로 융합하고 진화할 것으로 보이며, 현재보다 더 이종 기술 간 융합이 고도화되고, 이에 따라 이종 산업 간 융합이 ICT 및 미디어 산업의 주요 성장전략이 될 것으로 예측된다.

이 책은 코로나19 시기 이후 디지털 전환이 성숙기에 접어들면서 디지털 전환의 새로운 패러다임 상황에서 OTT, FAST 등 영상 콘텐츠를 중심적으로 제공하는 미디어 플랫폼 산업의 미래 전략 및 바람직한 정책 방향을 고찰하는 것을 목적으로 한다. 이 책은 글로벌 디지털 미디어 기업의 성장 및 글로벌 경제 리스크 등 최근 미디어 산업 환경변화에 영향을 미치는 요인을 다루고 있으며, 국내 미디어 산업의 위기적 요인과 기회적 요인, 차세대 미디어 플랫폼 FAST 성장과 진화, AI와 미디어 산업의 변화를 다루고 있다. 이와 함께 스트리밍 산업의 지속 가능성에 관한 논의와 함께 지속 가능성 확보를 위한 전략과 함께 국내 미디어 사업자들의 전략 방향을 함께 논의하고 있으며, 국내 미디어 플랫폼 산업과 관련된 정책적 논쟁과 향후 정책 방향을 제시하고 있다.

최근 미디어 플랫폼 산업과 관련된 다양한 이슈, 시장 현황, 전략 및 정책과제 등을 체계적으로 논의하기 위해 이 책은 크게 4개의 장으로 구성되었다. 1장에서는 최근 미디어 산업 환경변화와 디지털 전환 패러다임 변화를 논의하고, 2장에서는 글로벌 미디어 플랫폼 시장 변화 등 미디어 플랫폼 산업의 성장과 변화를 다룬다. 3장에서는 DX 3.0 패러다임에서의 미디어 플랫폼 산업 전략 방향을 논의하고, 4장에서는 미디어 플랫폼 산업 관련 규제와 진흥정책 등 관련 정책과제를 다룬다.

마지막으로 에필로그 부분에서는 이와 같은 논의를 바탕으로 미디어 산업의 미래를 위한 전략적·정책적 제언을 제시한다.

1장

미디어 산업 환경변화와 DX 3.0 패러다임

디지털 전환 확산과 미디어 산업

ICT 및 미디어 산업 분야의 혁신을 설명하는 하나의 관점 또는 패러다임으로서 인식되고 있는 '디지털 전환(Digital Transformation: DX)'[1]은 최근 미디어 산업을 포함한 각 산업 분야에서 화두가 된 듯하다. 미국 소프트웨어 개발업체 런웨이(Runway)[2]는 2023년 생성형 AI(Generative AI) 기술을 사용하여 실제 이미지나 비디오가 없어도 텍스트 프롬프트(text prompt)[3]만으로 영상을 만들 수 있게 하는 서비스 Gen-2를 개발하여 출시하였다. Gen-2 AI 동영상 자동생성 서비스는 사용자가 원하는 장면을 설명하는 텍스트 프롬프트를 입력하면 AI 도구가 동영상, 텍스트, 이미지 등 다양한 콘텐츠를 생성해 줄 수 있다. 예를 들어, 피자레

---

1) 디지털 전환(DX)은 "기업(또는 조직)이 새로운 비즈니스 모델, 제품 및 서비스를 창출하기 위해 디지털 역량을 활용함으로써 고객과 시장의 파괴적인 변화에 적응하거나 이를 추진하는 지속적인 프로세스"(IDC, 2015: 1)로 이해될 수 있다. 조직적 차원에서는 조직의 성과를 급속하게 향상시키기 위하여 AI, 빅데이터 등의 디지털 기술을 활용하여 생산성 및 효율성 향상과 같은 기업 및 조직이 추구하는 가치와도 연결되어 있다고 볼 수 있다(이상원, 2020).

2) 런웨이는 AI 기반 영상 생성 기술을 통해 성장하고 있으며, 구글(Google), 엔비디아(NVIDIA), 세일즈포스(Salesforce)를 포함한 다수의 투자자로부터 2023년 상반기에 약 1억 4100만 달러 규모의 투자를 유치한 바 있다(이지현, 2023). AI 기반 영상 생성 기술에 힘입어 런웨이의 기업가치는 2022년 12월 5억 달러에서 2023년 6월 15억 달러로 불과 6개월 동안 약 3배 상승했다.

3) 일반적으로 프롬프트(prompt)는 생성형 모델(Generative Model)에게 자연어로 설명하고 원하는 결과물을 출력할 수 있도록 작동시키기 위해 입력하는 명령어(입력값)로 이해할 수 있다.

이터(PizzaLater)사는 총 3시간 동안 챗GPT플러스(ChatGPT Plus)로 스크립트를 작성하고 런웨이 Gen-2를 활용해 광고 클립을 만들어 피자 광고를 게시한 바 있다. 해당 광고에는 가족이 함께 식사하는 장면, 요리사가 반죽을 공중으로 던지는 장면, 반죽에 피자 토핑을 뿌리는 장면 등 피자 광고에 전형적으로 나타나는 특징이 모두 포함되었다고 한다(≪디지털투데이≫, 2023.4.28).

런웨이의 Gen-2 AI 동영상 자동생성 서비스는 미디어 관련 기업이나 조직이 AI를 통해 다양한 콘텐츠를 자동으로 생성할 수 있으며, 이는 마케팅, 광고 및 홍보 콘텐츠와도 연결될 수 있음을 보여주며, 2022년부터 2032년까지 약 10년 동안 '텍스트-비디오 변환 AI 시장(Text-to-Video AI market)' 규모는 약 26.2% 성장할 것으로 예측되고 있다(market.us, 2023). 이와 같은 AI 동영상 자동생성 서비스는 현재 영상의 해상도 및 선명도, 영상 길이가 비교적 짧지만, 멀티모덜(multimodal) 학습 인공지능 기술의 고도화와 다양한 데이터 세트(dataset) 학습으로 실제 동영상에 근접한 결과물 생성이 가능할 것으로 보인다.

이와 같은 기술 변화 추세에 힘입어 AI나 빅데이터 같은 DX 주요 기술 및 관련 서비스에 대한 투자는 전 세계적으로 2017년부터 2026년까지 약 3.5배 이상 증가할 것으로 예상되고 있다(Statista, 2023)(**그림 1-1** 참조). 특히 2020년 발생한 코로나19의 전 세계 확산 및 장기화에 따라 각 산업 분야에서 DX가 가속화되었고, 미디어 산업 분야에서도 DX 확산이 기반이 되어서 OTT 서비스와 같은 디지털 미디어 플랫폼이 성장한 것을 볼 수 있다.

미디어 플랫폼 산업[4]에서 DX 기술이 적용된 대표적인 사례는 동영상

그림 1-1 디지털 전환 주요 기술과 서비스에 대한 글로벌 투자(2017~2026)(단위: 1조 달러)

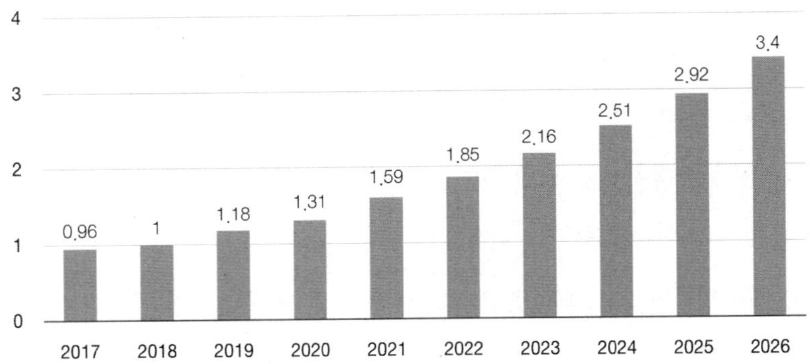

자료: Statista(2022)

OTT 서비스라고 볼 수 있다. **그림 1-2**에서 확인할 수 있듯이 전 세계 동영상 OTT 보급률은 2018년 33.55%에서 2028년 54.69%로 빠르게 확산될 것으로 추정되고 있다(Statista, 2023). 이와 같은 동영상 OTT 서비스 확산은 유튜브(YouTube)와 넷플릭스(Netflix) 등 글로벌 미디어 플랫폼 서비스의 성장이 많은 영향을 미쳤다고 볼 수 있다.

최근 대부분의 나라에서 유튜브와 넷플릭스 등 글로벌 미디어 플랫폼 서비스는 지속적으로 성장해 왔다. 2023년 유튜브 이용자는 전 세계 약 8억 6000만 명 이상으로 추정되고 있으며, 2028년에는 11억 3000만

4) 이 책에서 사용하는 '미디어 플랫폼 산업' 용어는 영상 콘텐츠 중심의 플랫폼 산업에 초점을 맞추고 있다. 따라서 이 책에서는 '영상 콘텐츠 중심의 OTT 산업'이 분석의 핵심 대상이라고 볼 수 있다.

그림 1-2 전 세계 동영상 OTT 서비스 보급률* 확산(2018~2028)(단위: %)

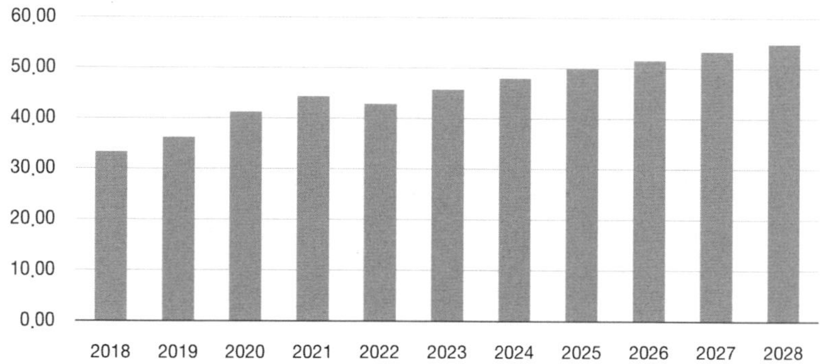

* OTT 서비스 보급률은 서베이 조사를 통해 추정되었으며, 기존의 각 OTT 유형인 SVOD(가입형 VOD), TVOD(거래형 VOD) 및 AVOD(광고형 VOD) 등에 대한 인구 100명당 이용자 수로 측정되었다.
자료: Statista(2023)

명 이상이 될 것으로 예측되고 있다(Statista, 2023). 반면 넷플릭스 글로벌 가입자 수는 2023년 3분기에 약 2억 4700만 명으로 추정되고 있으며, 2029년 9월경 2억 9800만 명에 도달할 것으로 예상되고 있다. 이와 같은 전 세계 글로벌 미디어 플랫폼 이용 확산은 각 나라에서 기존 미디어 산업에 다양한 영향을 미치고 있으며, 이로 인해 발생하는 새로운 사회문제들에 적절히 대응할 정책을 마련할 필요가 있다. 미디어 플랫폼 이용자 보호 문제와 미디어 플랫폼 규제정책 문제 등이 좋은 예라고 볼 수 있다.

글로벌 디지털 미디어 플랫폼 기업의 성장과 로컬 미디어 산업의 변화

DX 확산이 가져오고 있는 주요 변화 중 하나는 디지털 플랫폼 서비스의 전 세계 확산으로 인해 '디지털 플랫폼 경제 시대'의 도래라고 볼 수 있다. 디지털 플랫폼은 인터넷을 통하여 서비스가 제공되고 이용자 그룹 간 상호작용을 통해 가치를 창출하는 양면적·다면적 서비스로 정의될 수 있다(최계영, 2020).

주요 디지털 플랫폼 기업들의 글로벌시장 진출에 따라 디지털 플랫폼 기업은 그동안 매우 빠르게 성장해 왔다. 아마존(Amazon), 애플(Apple), 구글(Google), 메타 플랫폼(Meta Platforms) 등 주요 디지털 플랫폼 기업의 매출액은 2008년 이후 12년 동안 약 10배 이상 성장한 것으로 추정되고 있다(Statista, 2020). **그림 1-3**에서 확인 할 수 있듯이 2023년 이후

그림 1-3 2023년 글로벌 시가 총액 7대 기업 현황(단위: 10억 달러)

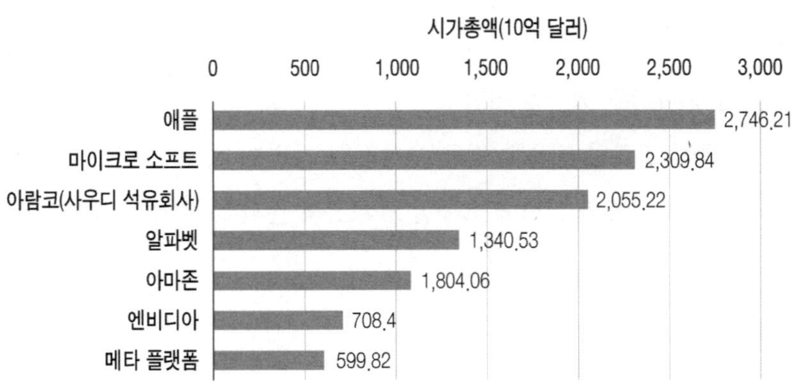

자료: Statista(2023)

그림 1-4 전 세계 다운 스트림 인터넷 트래픽 분포(2022)

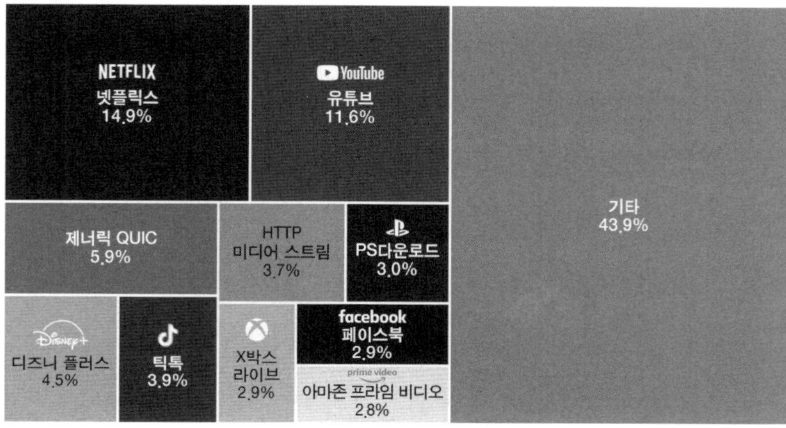

자료: Statista(2023)

글로벌 시가 총액 7대 기업의 대부분은 글로벌 디지털 플랫폼이거나 플랫폼 기업과 직·간접적 연관이 있는 기업임을 알 수 있다(Statista, 2023).

DX 확산 및 가속화와 함께 미디어 분야의 글로벌 디지털 플랫폼 기업들도 빠르게 성장하고 있으며, 그 영향력은 로컬 미디어 시장에서도 점차 확대되고 있다. 글로벌 미디어 플랫폼 기업의 대명사라고 할 수 있는 넷플릭스의 전 세계 가입자 수는 2013년 3분기부터 2023년 3분기까지 10년 동안 약 6.5배 성장하여 2억 4700만 명을 돌파하였고, 이에 따라 넷플릭스의 매출액은 2013년 3분기부터 2023년 3분기까지 10년 동안 약 7.7배 이상 증가하였다(Statista, 2023).

이와 같은 글로벌 디지털 미디어 플랫폼 기업의 성장은 전 세계 인터넷 트래픽에도 영향을 미치고 있다. 스태티스타(Statista, 2023)에 따르면 **그림 1-4**와 같이 넷플릭스, 유튜브, 디즈니 플러스(Disney+) 등 6개 주요

그림 1-5 플랫폼별 2029년 글로벌 SVOD 가입자 수 전망(단위: 100만 명)

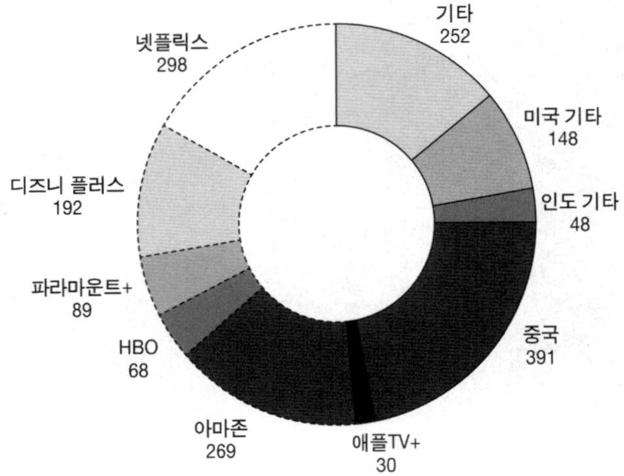

자료: Digital TV Research(2023)

글로벌 디지털 미디어 플랫폼 사업자는 2022년 전 세계 인터넷 트래픽의 40% 이상을 차지할 만큼 그 영향력이 확대되고 있다(이상원, 2023).

2023년 11월 디지털 TV 리서치(Digital TV Research, 2023)는 2029년 글로벌 가입형 VOD(Subscription Video On Demand: SVOD) 시장에 관해 흥미로운 예측을 제공하였다. 예측에 따르면 **그림 1-5**와 같이 2029년의 글로벌 SVOD 시장에서 넷플릭스는 가입자 수 약 2억 9800만 명에 도달하게 되고, 전 세계 17억 이상의 인구가 SVOD 서비스를 이용하게 되며, 넷플릭스, 아마존 프라임 비디오(Amazon Prime Video), 디즈니 플러스, 파라마운트 플러스, 맥스 등 5개 주요 글로벌 SVOD 플랫폼이 글로벌 SVOD 시장의 약 51.3% 이상을 점유할 것으로 추정하였다. 물론 이와 같은 수치는 현재의 시장 경쟁 상황과 향후 변화를 어느 정도 감

그림 1-6 전 세계 지역별 유료방송 보급률 변화 추이(2020~2025)

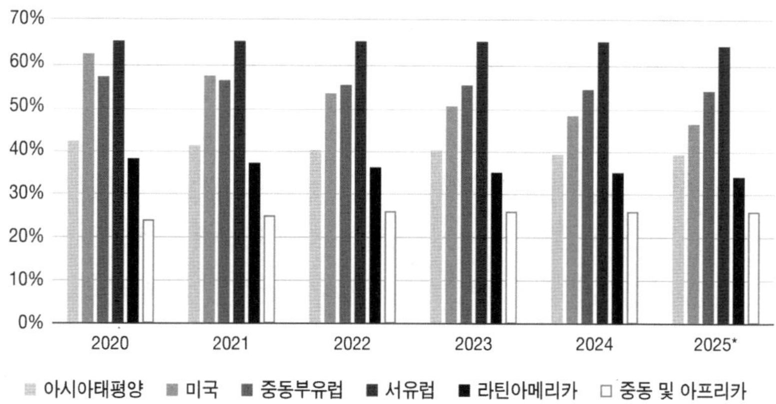

자료: PwC(2022), Statista(2023)

안하여 약 6년 후를 예상한 비교적 보수적인 추정이지만, 그럼에도 불구하고 현재 경쟁력이 있는 글로벌 SVOD 사업자의 강세가 2029년경에도 어느 정도 유지될 가능성이 높다는 것을 보여준다.

디지털 전환 가속화와 SVOD나 광고형 VOD(Advertising Video On Demand: AVOD)와 같은 동영상 OTT 서비스의 성장 및 '광고 기반 스트리밍 TV(Free Ad-supported Streaming TV: FAST)' 등의 성장은 최근 로컬 미디어 산업에도 다양한 변화를 가져오고 있다.

그림 1-6은 2020년부터 2025년까지 지역별 유료방송 보급률 변화 추이를 보여준다. 미국과 같이 SVOD 서비스 시장이 크고 FAST 시장이 빠르게 성장하고 있는 나라일수록 기존 유료방송 서비스의 보급률은 대체로 감소하고 있음을 알 수 있으며, 중동과 아프리카 지역을 제외하면 대부분의 지역에서 기존 유료방송 서비스 보급률은 소폭이나마 2025년까

지 하락할 가능성이 있다는 것을 보여주고 있다.

특히 미국의 유료방송 가입 가구 수는 2013년부터 2022년까지 약 3500만 가구 이상 감소하였으며, 2027년까지 계속 감소 추세일 것으로 추정되고 있다(Statista, 2023). 전 세계 수준에서도 TV 서비스 가입을 통한 매출액은 2017년부터 2022년까지 약 9.15% 감소한 것으로 나타난다(PwC, 2022). 즉, OTT 서비스에 의한 유료방송 대체 현상인 코드 커팅(cord-cutting)이 OTT 서비스가 성숙기에 도달한 2020년 이후 증가하고 있다고 볼 수 있다. 이와 같은 현상으로 미루어볼 때 향후 FAST 서비스가 크게 성장하는 경우 유료방송 대체의 폭이 더 커질 수 있을 것으로 보인다.

글로벌 미디어 플랫폼 사업자와 동영상 OTT 서비스의 성장은 기존 방송광고시장에도 영향을 주고 있다. 예를 들어 최근 국내 방송산업의 재원 측면에서의 특징적인 가장 큰 변화는 광고 매출에서 살펴볼 수 있다. **그림 1-7**의 주요 방송사업 수익원별 변화 추이를 살펴보면 다른 방송사업 매출과는 달리 최근 2018년부터 2022년의 기간을 고려했을 때 방송산업 광고매출은 감소하였음을 알 수 있다. 방송사업 전체로 보았을 때 2022년 방송광고 매출은 2021년 대비 2.1% 하락하였다(방송통신위원회, 2023). 이와 같은 변화는 최근 국내 동영상 광고시장에서 상위를 차지하는 3개 매체가 유튜브, 인스타그램, 페이스북으로서 모두 대형 플랫폼이며, 2023년 11월 3개 플랫폼의 국내 동영상 광고시장에 점유율 91% 이상인 점을 고려하면 글로벌 미디어 플랫폼의 성장이 국내 기존 방송광고시장에 미치는 영향의 강도를 어느 정도 이해할 수 있다(리서치애드, 2013).

그림 1-7 주요 방송사업 수익원별 변화(2018~2022)(단위: 억 원)

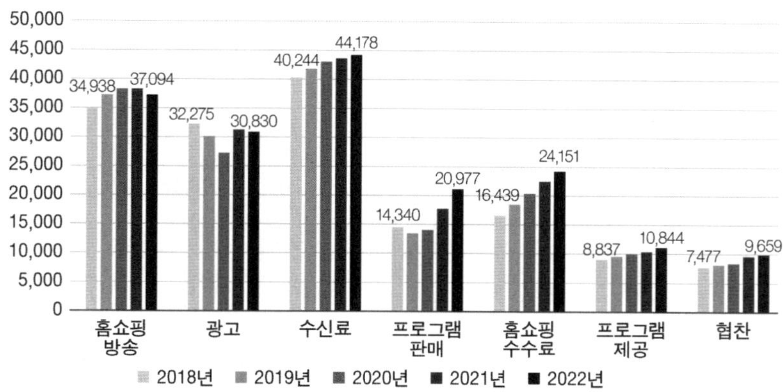

자료: 「2022년 방송사업자 재산상황 공표집」(방송통신위원회, 2023a)

최근 방송미디어 관련 제작시장에서 가장 두드러진 변화 중 하나는 동영상 OTT 플랫폼 시장에서의 경쟁이 치열해지면서 주요 미디어 플랫폼 사업자들의 콘텐츠 투자도 크게 증가하고 있다는 점이다. 글로벌 미디어 플랫폼 사업자들의 현재와 같은 콘텐츠 투자 증가 추세가 지속된다면 글로벌시장에서 넷플릭스는 2026년에 약 211억 달러, 디즈니는 약 198억 달러, 아마존은 약 184억 달러를 콘텐츠 투자에 쏟아 부을 것으로 예상되고 있다(Statista, 2023). 특히 넷플릭스는 국내 진출 이후 2023년 4월경까지 이미 약 1조 5000억 원을 국내 콘텐츠 제작에 투자했으나 추가로 2023년 이후 향후 4년간 약 3조 3000억 원 규모의 국내 콘텐츠 투자 계획을 발표한 바 있다(≪이데일리≫, 2023.4.25). 최근 이와 같은 글로벌 미디어 플랫폼의 대규모 콘텐츠 투자는 그동안 국내 동영상 OTT 시장에서 콘텐츠 경쟁을 심화시키는 데 영향을 주었으며 이에 따라 티빙과 웨이브 등 주요 국내 OTT 플랫폼도 대규모 콘텐츠 투자 계획을 발표한 바 있다. 그러나 티빙, 웨이브 등 주요 국내 OTT 플랫폼은 최근 대규모 콘텐츠 투자비용을 회수하는 데 상당한 어려움을 겪었다.[5)]

이와 같은 글로벌 또는 국내 주요 OTT 플랫폼의 콘텐츠 투자 증가는 최근 방송미디어 콘텐츠 제작시장에 상당한 변화를 초래하고 있다. 즉, 미디어 플랫폼 기업들의 오리지널 콘텐츠 제작을 통한 경쟁전략 추구는 결국 콘텐츠 제작 인력 등 생산요소시장에서 경쟁이 더 심화되는 결과를 초래하고 있으며, 특히 프리미엄 콘텐츠 제작 수요 증가를 초래하고 있다(한국콘텐츠진흥원, 2022). 전략적 측면에서 보았을 때 대규모 투자를 통한 독점적이며 차별화된 오리지널 콘텐츠가 경쟁우위를 확보할 수 있는 주요 자원(resource)[6)]이기 때문이다.

최근 넷플릭스와 같은 글로벌 미디어 플랫폼 사업자들은 제작비 측면

---

5) 예를 들어 2022년 티빙은 1192억 원, 웨이브는 1217억 원, 왓챠는 555억 원의 영업손실을 기록한 것으로 알려졌다(아이뉴스, 2023.12.20). 이는 각각 2021년보다 56%, 218%, 224% 증가한 수치이며, 2023년도에 상당한 영업손실이 있는 것으로 추정되고 있다.

6) 미디어 기업의 전략적 행동을 설명하는 중요한 이론적 관점 중 하나는 자원준거 관점(resource-based view)이다. 자원준거 관점은 기업 내부 자원의 가치와 기업의 역량을 강조하는 관점으로 기업의 내부 자원과 핵심 역량(core competency)의 분석에 초점을 맞춘다(이상원, 2022a). 자원준거관점은 각 기업이 독특한 자원의 결합체이고, 기업이 보유한 자원이 전략의 기초를 제공하고 기업 성과의 차이를 가져온다고 보고 있다(Hitt, Ireland & Hoskisson, 2001). 이러한 관점에서 미디어 플랫폼 기업 내부의 차별화된 오리지널 콘텐츠 자원은 미디어 플랫폼 기업의 성공과 지속 가능한 경쟁 우위에 영향을 미치는 가장 중요한 요소 중 하나로 이해할 수 있을 것이다.

에서 한국 콘텐츠 제작업체들이 비용 대비 최대의 성과를 가져올 수 있다고 인식하고 있는 것 같다. 한국 콘텐츠 제작업체들은 미국과 비교했을 때 드라마 회당 제작비를 8~25% 정도 사용하면서 고품질의 콘텐츠를 생산할 수 있기 때문이다. 이와 같이 미디어 플랫폼 기업들의 콘텐츠 투자 증가와 프리미엄 콘텐츠 제작 수요 증가는 프리미엄 콘텐츠 제작 가격 상승과 연결되고 있으며, 기존 지상파의 우수 제작 인력들이 OTT 플랫폼이나 관련 제작 스튜디오로 이동하는 사례들도 점차 흔해지고 있다(한국콘텐츠진흥원, 2022).

글로벌 경제 리스크가 국내 미디어 산업에 미치는 영향은?

기술이나 경쟁 상황의 변화 외에도 경제 환경의 변화도 미디어 산업에 영향을 미치는 주요 요소 중 하나다. 특히 경제 환경이 매우 급속하고 빠르게 변할 뿐만 아니라 그 변화 폭이 클 경우 다른 산업과 같이 미디어 산업에도 크게 영향을 미칠 수 있을 것이다.

최근 5년을 살펴보았을 때 글로벌 경제 환경에 리스크로 작용하고 있는 주요 요인들은 인플레이션 리스크, 통화정책 리스크와 달러화 강세 지속 및 중국발 경제 리스크 등을 들 수 있을 것이다. 이와 같은 리스크 요인들은 2020년 초부터 2023년 초까지 전 세계 경제에 미치는 영향이 상당했었던 코로나19 팬데믹, 2022년 2월부터는 러시아-우크라이나 전쟁, 2023년 10월부터는 이스라엘-하마스 전쟁 등의 사회적·문화적

그림 1-8 IMF의 세계 경제성장률 추정치(2024년 1월 추정)

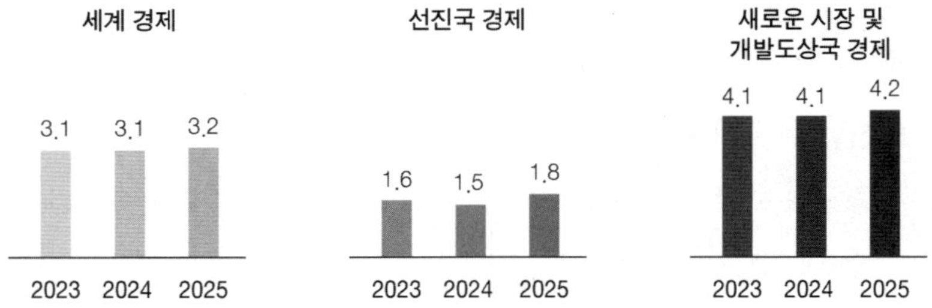

자료: IMF(2024)

또는 정치적 변화들이 배경적 요인으로 작용하고 있다고 볼 수 있다.

문제는 이와 같은 글로벌 경제 리스크 요인들이 서로 연결되면서 상승 작용을 해온 측면이 있다는 점이다. 주목해야 할 것은 이와 같은 리스크 요인들은 최근 미디어 산업 성장에 부정적으로 작용하고 있으며 향후 비교적 단기간이기는 하지만 2025년 상반기 또는 중반까지는 그 부정적인 영향이 유지될 가능성이 있다는 점이다.

국제통화기금(International Monetary Fund: IMF)의 2024년 1월 세계 경제성장률 추정치에 따르면 세계 경제성장률은 2023년에 3.1%, 2024년에도 약 3.1%에 머물 것으로 예상되고 있으며, 이와 같은 추정치는 2022년의 3.5%보다 낮은 수준이다(**그림 1-8** 참조).[7]

특히 선진국의 경제성장률 추정치는 2023년 1.6%, 2024년 1.5%로

---

7) OECD는 2023년 11월 글로벌 경제성장률을 2023년 2.9%, 2024년 2.7%로 예측하였다.

2022년 2.6%였던 선진국 경제성장률보다 상당히 낮은 수준임을 알 수 있다. 2024년 1월 IMF가 추정한 한국의 경제성장률은 2023년 1.4%로 2023년 세계 평균 경제성장률 추정치인 3.1%보다 낮을 뿐 아니라 선진국 평균 경제성장률 추정치인 1.6%보다도 조금 낮은 수준이다.

2023년 하반기 이후 주요 선진국과 신흥개발도상국들이 코로나19 이후 경기회복세가 예상보다 둔화되고 있으며, 중장기적으로도 세계 경제 성장세가 약화되면서 국내경제에 리스크 요인으로 작용할 것이라는 우려가 계속 존재하고 있는 상황이다(현대경제연구원, 2023). 2024년에도 미국과 중국의 성장세 둔화가 세계 경제에 부정적인 영향을 미칠 것으로 예상되고 있다.[8] 2022년 기준 미국과 중국 두 나라의 세계 명목 GDP 비중은 각각 25.4%, 18.1%로 두 나라가 차지하는 세계 명목 GDP 비중의 합은 약 43.5%로 추정되는 등 세계 경제에 미치는 영향은 매우 큰 편이라고 볼 수 있다(현대경제연구원, 2023).

인플레이션 리스크

주요 선진국이 포함된 OECD 국가들의 소비자 물가지수 상승률은

---

8) IMF(2024)는 2023년 미국의 경제성장률을 2.5%로 추정하고 있으며, 2024년에는 2.1%로 약 0.4% 하락할 것으로 추정하고 있으며, 2025년에는 1.7%로 2024년 대비 약 0.4% 하락할 것으로 예측하고 있다. 이와 함께 2023년 중국의 경제성장률을 5.2%로 추정되고 있으며, 2024년에는 4.6%로 약 0.6% 하락할 것으로 추정하고 있으며, 2025년에는 4.1%로 2024년 대비 0.5% 하락할 것으로 추정하고 있다(IMF, 2024).

2021년 2월에서 2022년 2월 1년 동안 약 7.7%를 기록했다. 이와 같은 소비자 물가지수의 급격한 상승은 팬데믹 영향으로 침체한 경기를 부양하기 위해 전 세계에 풀린 재원이 크기 때문으로 보인다. 예를 들어 미국·유로존·일본·영국 등 G4 국가의 통화량은 2019년 말 45조 2000억 달러에서 2021년 말 약 55조 7000억 달러로 약 10조 5000억 달러(한화: 약 1경 3600조 원)로 증가했다(≪매일경제≫, 2022.7.4). 천문학적인 숫자라고 볼 수 있다. 이와 같이 팽창된 재원은 그동안 각 나라에서 수요를 자극하고 공급망 병목을 초래했다.

이와 함께 2022년 2월부터 시작된 러시아-우크라이나 전쟁은 전쟁 이전 총수요-총공급 불균형으로 인한 인플레이션 압력을 더욱 확대한 측면이 있다(대외경제정책연구원, 2022). 결국 소비자 물가 상승은 결국 나라별로 소비를 둔화시키고 기준금리 인상 압력 요인으로 작용했으며, 특히 2021년부터 2023년까지 일부 나라들에서의 화석연료 가격 상승은 인플레이션 압력을 증대시키면서 세계 경제에서 리스크 요인으로 작용해 왔다고 볼 수 있다(IMF, 2022).

이와 같은 급격한 소비자 물가 상승은 **그림 1-9**와 같이 2023년 3분기를 지나면서 상당히 완화될 것으로 예상되었으나(IMF, 2024), 2023년 10월경 돌연 발발한 이스라엘-하마스 전쟁이 세계 경제에 또 다른 불확실성을 증대시켰다. 이와 같은 인플레이션 리스크는 글로벌 미디어 산업 측면에서도 미디어 서비스 소비에 부정적인 영향을 주고 있으며, 이에 따라 미디어 산업 성장에도 전반적으로 부정적인 영향을 주고 있다고 볼 수 있다.

그림 1-9 글로벌 소비자 물가지수 상승률 변화(2017~2023)

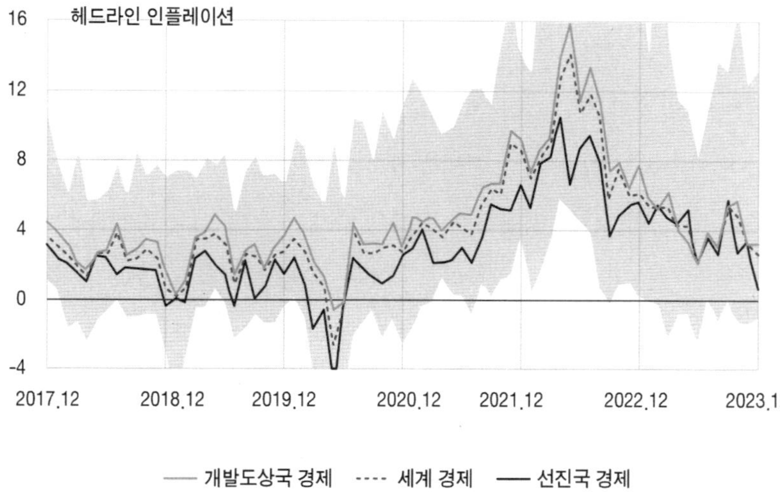

자료: IMF(2024)

통화정책 리스크와 달러화 강세 지속

최근 미국과 같이 러시아-우크라이나 전쟁 전에도 이미 인플레이션 압력이 높았고, 빠른 고용 회복과 명목임금의 상승을 경험한 나라들의 경우 물가 안정에 경제정책 우선순위를 두고 긴축적 통화정책을 운영하는 사례가 증가했다(대외경제정책연구원, 2022). 예를 들어 미국 연방준비제도 이사회는 2021년 11월 회의 이후 인플레이션 대응에 정책 우선순위를 두고 글로벌 금융위기 시기보다 신속하게 '긴축적 통화정책 기조'로 전환하였다. 2022년 3월에는 첫 금리 인상을 단행하였고, 이후 여러 차례에 걸쳐 기준금리를 인상하였다(이상원, 2022b). 미국 연방준비제도 이사회는 2023년 12월 중순에도 현재의 5.25~5.5%로 기준금리를 유지한다고 발표하였고, 이는 2001년 이후 22년 만에 최고 수준의 기준금리로 평가되고 있다.

특히 유럽지역은 러시아-우크라이나 전쟁 발발 이후 고물가, 고금리 상황이 지속되고 있으며, 유럽지역에서는 전반적으로 민간 소비와 투자, 수출이 모두 부진하고 성장동력이 매우 약해진 상황이다. 정책금리 상승의 영향으로 소비 위축이 일어나고 은행들이 대출 기준을 강화하려는 성향을 보이면서 기업 및 가계 부담이 확대되었다. 이러한 상황이 경제에 부정적인 요인으로 작용하고 있다는 것이 전문가들의 대체적인 평가다(대외경제정책연구원, 2022). 2024년 상반기에도 통화 긴축 속도 및 파급력과 영향에 대한 불확실성은 여전히 존재하고 있으며, 아직 경기 회복세가 뚜렷하지 않은 경우 각국의 정책 여건에 맞게 통화 긴축의 속도를 조절할 필요성도 제기되고 있는 상황이다.

이와 함께 달러화는 2022년 4월 이후 2023년에도 대체로 강세를 유지하고 있다. 특히 2022년 미국 연방준비제도 이사회가 금리를 빠르게 인상함에 따라 달러의 가치가 급등하였으며, 미국의 통화정책 전환 시점이 늦춰지면서 달러는 강세를 지속 중이다. 게다가 유로화, 엔화 등 준기축통화를 발행하는 국가의 경기 부진이 달러의 강세를 부추기고 있고 달러 약세 요인보다 강세 요인이 우세함에 따라 2024년 상반기까지 달러의 강세는 이어질 것으로 예상되고 있으며, 약세로 전환되어도 달러 가치의 하락 폭은 제한적일 것으로 전망되고 있다(현대경제연구원, 2023).

이와 같은 통화정책 리스크와 달러화 강세는 결국 달러로 표시되는 물가 상승, 부채 부담 증가 등 미디어 관련 산업 부문에서의 교역과 미디어 사업자의 부담 증가 및 글로벌 사업자 대비 경쟁력에도 부정적인 영향을 줄 가능성이 있다고 판단된다.

중국발 경제 리스크

중국은 1978년 경제개방 이후 그동안 연평균 9% 이상의 높은 경제성장률을 기록해 왔다(**그림 1-10** 참조). 그림에서 볼 수 있듯이 그동안 매우 빠르게 성장해 오던 중국 경제는 코로나19의 영향으로 2020년 경제개방 이후 가장 낮은 성장률인 2.2%을 기록하였고 코로나19의 영향력으로부터의 회복기인 2021년 잠시 반등 후 2022년에는 다시 3%라는 낮은 성장률을 기록하였다. 2023년에는 코로나19 봉쇄정책 중단 등의 영향 등으로 경기가 반등했었지만 부동산 시장 침체가 예상보다 커지면서 중국의 민간 수요를 압박하고 지방 정부의 재정 부담을 증폭하는 한편 디스인플레이션(물가상승률의 지속적 하락) 압력을 초래할 가능성도 있는 것으로 예상되고 있다(연합뉴스, 2024.2.2).

최근에는 위안화 가치가 급락하면서 한국, 대만 등 아시아 수출 경쟁국가들에게 미치는 영향도 커진 바 있고, 중국 대형 부동산 기업인 비구이위안의 디폴트(채무불이행) 위기 등으로 리스크가 커지는 등 중국 부동산 위기도 중국 경제에 부정적인 영향을 미친 바 있다. 중국 전체 경제의 약 3분의 1을 차지하는 부동산 부문은 부동산경기지수가 2022년 1월 이후 기준선(100p)을 하회하고, 70개 도시 중 주택가격이 하락하는 비중이 2019년부터 확대되는 등 부동산 부문 경기 부진이 장기화되고 있다는 평가가 지배적이다(현대경제연구원, 2023).

그림 1-10 1980년 이후 중국의 경제성장률 추이(1980~2022*)

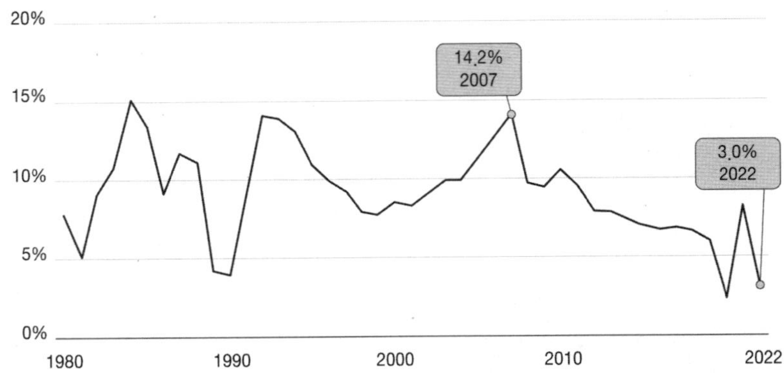

* 추정치

자료: Statista(2023)

또한 2010년 이후 처음으로 미국과 중국 간 10년 장기금리가 역전되면서 중국 채권시장에서 일부 자금이 이탈한 사례도 있었으며, 2023년에는 중국 내 외국 투자 자본이 5년 만에 사상 처음으로 순유출을 나타내기도 하였다. 한편, 중국의 GDP 대비 기업부채 비율은 금융위기 이후 지속적으로 상승하면서 2022년 말에는 158.2%를 기록하고 있고, 가계부채는 급증하고 있는 모습을 보이는 등 중국의 부채는 과도하게 누증되어 있다는 평가도 존재한다(현대경제연구원, 2023).

이와 같은 부정적 지표와 평가와 함께 최근 중국의 높은 청년 실업률도 중국경제의 리스크를 반영하는 하나의 요인으로 주목받고 있다. 중국의 청년 실업률은 2018년 10% 이내였으나, 2023년에는 20%를 돌파하였으며, 향후 더 상승할 것으로 전망되고 있다.

이와 같은 중국 경제의 최근 리스크는 중국 경제가 세계 경제에서 차지하는 비중이 매우 높다는 점을 감안했을 때 상당한 영향을 미칠 가능성이 있다고 평가되고 있다. 예를 들어 중국 경제의 성장 하락은 각 나라별 중국인 관광인 수 감소와 관광 수입 감소를 가져올 가능성이 있으며, 중국 내 내수 소비 감소로 중국으로의 수출에도 부정적인 영향을 미칠 가능성이 있다. 특히, 지정학적으로 중국과 매우 가까운 위치에 있고 중국과의 교역 규모가 큰 한국의 경우 부정적인 영향을 받을 가능성이 크다고 판단된다.

글로벌 경제 리스크 요인이 미디어 산업에 미치는 영향

앞서 살펴본 인플레이션 리스크, 통화정책 리스크와 달러화 강세 지속 및 중국발 경제 리스크 등 글로벌 경제 리스크 요인들은 서로 상승작용을 하고 있으며 서로 어느 정도 연결되어 있다. 이와 같은 글로벌 경제 리스크 상황은 2022년 대비 2023년뿐만 아니라 2024년에도 낮은 글로벌 생산수준을 초래할 것으로 예상되며, 반면 인플레이션 수준은 2022년만큼 가파른 상승은 아니지만 여전히 상승할 가능성이 있는 것으로 보인다(이상원, 2022b).

이와 함께 2022년 7월 이후 미국 연방준비제도 이사회(FRB)의 공격적인 금리 인상은 한-미 간 정책금리 역전 현상을 가져왔으며 정책금리 역전 현상이 2024년 말까지 지속될 경우 역대 최장인 29개월 간 지속되게 될 것으로 예상되고 있다. 과거 한-미 간 정책금리 역전 구간에서 시차를 두고 금리역전 현상은 원화가치 하락 압력으로 이어진 바 있으며(하이투자증권 리서치센터, 2022), 2022년 말 이후 약 2%로 벌어진 역전 폭은 과거 한 번도 경험한 적이 없는 수준으로 그만큼 원/달러 환율 상승과 외국인 자금 유출 압력이 커졌다는 것으로 볼 수 있다. 결국 환율 상승은 물가 상승세의 정점 지연에 영향을 주고 경기둔화 압력이 커지게 할 수 있으며 무역적자 확대에 영향을 줄 수 있을 것으로 판단되고 있다(하이투자증권 리서치센터, 2022).

특히 미디어 산업의 경우 결국 원화가치 하락은 글로벌 미디어 사업자와 경쟁하는 로컬 미디어 사업자의 경쟁력에 부정적인 영향을 미칠 가능성이 커 보인다. 이와 같은 시장 환경에서 글로벌 미디어 플랫폼 사업자들의 국내시장 진출은 고품질의 OTT 콘텐츠를 공급하기 위한 콘텐츠 확보 경쟁을 심화시킬 가능성을 커지게 하고 있으며, 이에 따라 콘텐츠 제작 수요가 증가하는 경우 콘텐츠 생산요소시장에서 제작비용 상승에도 영향을 주고 있다고 볼 수 있다(이상원, 2022c).

또한 글로벌 인플레이션이 장기화될 경우 노동시장에서 노동비용 상승을 초래할 가능성이 크며, 시장 불확실성 증가와 함께 콘텐츠 생산요소시장에서 콘텐츠 제작비용 상승 압력으로 작용할 가능성이 커 보인다. 결국 이와 같은 콘텐츠 투자를 위한 제작비용 증가는 국내 지상파, 유료방송 플랫폼, 방송채널 사용 사업자 및 미디어 플랫폼 사업자에게 큰 부담으로 작용하고 있다고 판단되며, 인플레이션과 경기 위축이 장기화될 경우 OTT 및 기존 유료방송서비스의 계속적인 성장에 부정적인 영향을 미칠 가능성 또한 높아질 것으로 보인다. 인플레이션과 경기 위축은 유료 미디어 서비스에 대한 소비에 부정적인 영향을 미칠 것이기 때문이다. 이와 함께 이와 같은 글로벌 경제 리스크 요인들이 초래하는 콘텐츠 제작비용 증가는 결국 국내에서 지상파 재송신료나 PP 프로그램 사용료

분쟁 등 플랫폼-콘텐츠 거래 분쟁의 지속과 갈등 심화에도 영향을 줄 가능성이 크다고 판단되며, 이와 같은 환경변화에 대응할 수 있는 정부 정책에 대한 필요성도 이전보다 커질 가능성이 있다.

변화하는 미디어 플랫폼 이용자

PIP(Platform-in-Platform) 방식을 통한 미디어 플랫폼 서비스 이용

방송통신위원회가 최근 조사한 국내에서의 OTT 서비스 이용률은 지속적으로 빠르게 증가하고 있다. 2023년 『방송매체 이용행태 조사』에 따르면 국내에서 OTT 이용률은 2016년 35%에서 2023년 77%로 불과 8년의 기간 동안 2.2배 이상 증가하였다(**그림 1-11** 참조). 특히 코로나19를 겪었던 2020년에서 2023년 중반까지 디지털 전환 확산과 함께 비대면과 거리두기로 미디어 수요가 증가하면서 OTT 서비스 이용이 급격하게 성장한 것으로 풀이된다. 연령별 OTT 이용률에서는 2021년부터 2023년까지 최근 3년 동안 모든 연령대에서 OTT 이용은 빠르게 성장한 것으로 나타났으며 유료 OTT 이용률은 20대와 30대가 가장 높은 것으로 나타났다(방송통신위원회, 2023b).

이와 같은 OTT 서비스 이용 증가에서 흥미로운 측면은 디바이스 측면에서 본 국내 OTT 이용행태 분석결과라고 볼 수 있다. 국내에서 OTT 서비스는 주로 IPTV나 모바일 기기로 시청하는 경향이 있으며 특히 40대(45.1%), 50대(39.5%), 60대(47.5%)의 경우 모바일 기기보다는 IPTV

그림 1-11 국내 OTT 이용률 증가 추이(2016~2023)

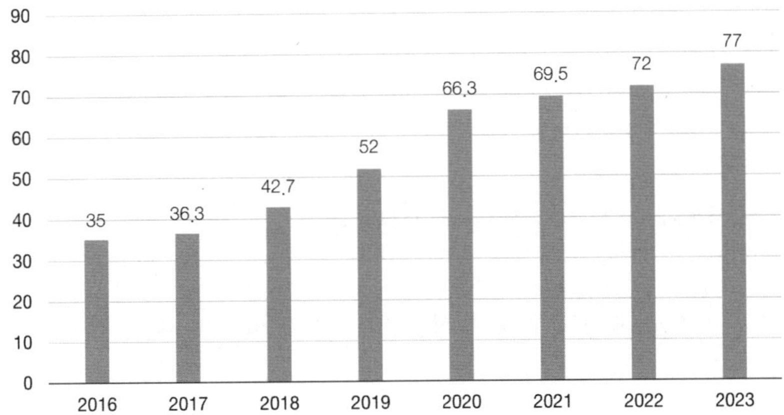

자료: 방송통신위원회(2023b)

로 OTT를 시청하는 경우가 더 많은 것으로 나타났다. 특히 넷플릭스와 디즈니 플러스는 스마트 TV로 시청하는 비율이 각각 42.0%, 41.2%로 매우 높게 나타났다(유건식, 2022). 이와 같은 조사 결과는 스마트 TV를 통한 미디어 플랫폼 이용이 증가하면서 유료방송 PIP(Platform-in-Platform) 방식을 통한 OTT 서비스 이용이 그동안 빠르게 증가해 왔으며, 특히 최근 외부보다는 집에서 휴식하는 시간에 주로 중장년층을 중심으로 유료방송 PIP 방식으로 넷플릭스와 같은 글로벌 OTT 서비스를 시청하는 경우가 많음을 보여준다.

또한 이와 같은 IPTV 등 유료방송 PIP 방식을 통한 미디어 플랫폼 서비스 이용 증가는 향후 IPTV 등 유료방송 플랫폼을 이용하여 다양한 복수의 OTT 플랫폼을 이용하는 이용자 수가 증가할 가능성을 제시한다고 볼 수 있다. OTT 플랫폼 입장에서는 모바일 기기를 이용하는 시청자 외에도 더 다양한 이용자들과의 접점이 필요하고 유료방송 플랫폼 측면에서는 플랫폼을 운영하면서 다양한 콘텐츠 제공을 기반으로 경쟁력을 강화할 필요성이 있다는 점에서 전략적 측면에서 서로 공통 분모가 있다고 볼 수 있을 것이다. 유료방송 플랫폼 사업자들은 기존 유료방송 서비스 이용자를 계속 유지하면서도 새로운 이용자를 유인하는 전략이 필요하다. 이와 같은 전략 중 하나가 OTT 플랫폼과의 전략적 제휴에 기반한 유료방송 PIP 방식을 통한 다양한 OTT 서비스 제공으로 볼 수 있다.

다중 유료 미디어 플랫폼 서비스 가입자 증가

OTT와 같은 유료 미디어 플랫폼 서비스가 시장에서 성장하면서 다중 유료 OTT 플랫폼 서비스에 가입하는 사례도 빠르게 증가하고 있다. 국내에서는 이미 2021년에 디지털 콘텐츠 플랫폼을 유료로 구독하는 수가 평균 2.7개에 도달하는 것으로 나타났고, 이 중 유료 온라인 동영상 플랫폼을 구독하는 수는 약 2.69에 달하는 것으로 나타났다(한국콘텐츠진흥원, 2021)(**그림 1-12** 참조).

미국의 경우 2024년 서베이 조사에서 95%가 두 개 이상의 OTT 서비스를 구독하고 있으며, 약 49%는 3개의 OTT 서비스를 구독하고 있는 것으로 나타났다(Forbes Home, 2024). 미국의 경우 OTT 서비스 이용자가 1년 동안 OTT 서비스 구독에 평균 552달러를 지불하고 있는 것으로 나타났다.

이와 같은 다중 유료 미디어 플랫폼 서비스 가입자 수 증가는 한편으

그림 1-12 다중 유료 미디어 플랫폼 구독 개수

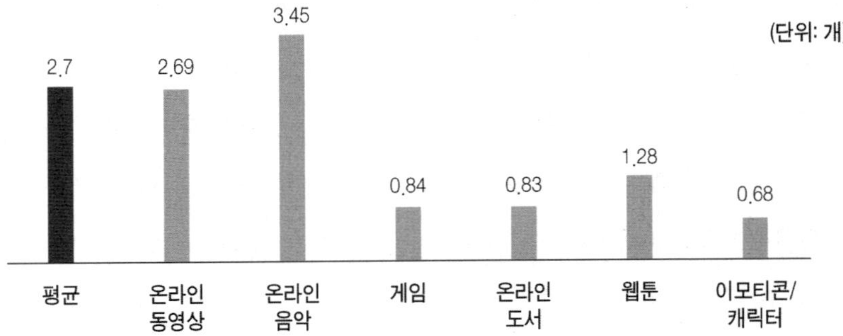

자료: 한국콘텐츠진흥원(2021)

로 유료 미디어 플랫폼 서비스의 성장을 보여주고 있으며, 다른 한편으로는 앞서 살펴본 유료방송 PIP 방식을 통한 다양한 OTT 서비스 결합상품의 확산 가능성을 제시한다고 볼 수 있다. 예를 들어 KT의 '5G 초이스' 요금제는 OTT서비스(넷플릭스, 디즈니 플러스, 티빙, 유튜브 프리미엄)와 음악 스트리밍(지니뮤직), 전자책·오디오북(밀리의서재), 웹툰·웹소설(블라이스) 등을 취향에 따라 조합해 이용할 수 있는 맞춤형 요금제로 볼 수 있다. 이와 함께 커머스 플랫폼과 OTT 플랫폼 결합상품도 빠르게 성장하고 있다. 예를 들어 네이버플러스 멤버십 서비스는 OTT 플랫폼 티빙과 결합상품을 통해 티빙이 제공하는 방송 관련 콘텐츠를 제공하고 있으며, 쿠팡에서 제공하는 쿠팡 와우 멤버십은 OTT 플랫폼인 쿠팡플레이 서비스 혜택이 포함되어 제공되고 있다.

미국의 경우 FAST(Free Ad-supported Streaming TV) 서비스가 빠르게 성장하면서 미국 주요 케이블 방송사 중 하나인 컴캐스트(Comcast)는 라이브채널, FAST, OTT(Peacock) 결합상품을 약정 없이 월 20달러에 제공한다. 이 외에도 향후 다양한 미디어 플랫폼 관련 결합상품은 시장에서 계속 성장할 것으로 보인다.

광고 기반 SVOD 서비스와 FAST 서비스 이용자 확산

최근 미디어 플랫폼 이용에서의 변화 중 하나는 광고 기반 SVOD 서비스 이용자와 FAST 서비스 이용자가 증가하고 있다는 점이다. 각 나라별로 SVOD 시장의 경쟁 상황은 조금씩 다르긴 하지만 대체로 SVOD 서비스 시장은 경쟁이 상당히 심화되고 있다고 평가할 수 있다. 예를 들어 시장조사의 시기나 방법에 따라 조금씩 다른 결과가 나오긴 하지만 미국 SVOD 시장에서는 2023년 이후 아마존 프라임 비디오가 넷플릭스의 점유율을 추월했다는 조사 결과가 발표된 바 있다(JustWatch, 2024). 이와 함께 넷플릭스는 2022년 2월에 시작된 러시아-우크라이나 전쟁의 영향으로 러시아 가입자 약 70만 명이 서비스에서 이탈하면서 2022년 1분기에 처음으로 가입자 감소를 기록하면서 기록적인 주가 하락을 경험하기도 했었다.

결국 이와 같은 경쟁 심화와 시장에 부정적으로 영향을 미치는 요인들은 넷플릭스와 디즈니 플러스 등 주요 글로벌 SVOD 사업자가 광고 기반 저가 요금제[9])를 도입하는 하나의 계기가 되었고, 이와 같이 SVOD

9) SVOD 사업자의 광고 기반 저가 요금제는 동일 상품의 가격을 광고 포함 여부에 따라 차별적으로 설정해 가입자를 통한 매출과 광고 매출의 합인 전체 매출

사업자들의 광고 기반 저가 요금제 도입은 광고 기반 저가 요금제에 가입하는 이용자 수 증가로 이어지게 되었다고 볼 수 있다. 이와 같은 광고 기반 저가 요금제는 이용자들에게는 더 낮은 비용으로 프리미엄 콘텐츠를 이용할 수 있는 장점이 있고, 플랫폼 사업자 측면에서는 가입자 수를 증가시키면서 동시에 광고 수익을 얻을 수 있는 장점이 있는 것으로 여겨지고 있다(Statista, 2023). 최근 글로벌 OTT 플랫폼 사업자들은 콘텐츠 수급의 어려움과 자체 콘텐츠 제작 및 공급 비용의 지속적인 증가로 수익원 확보가 어려워진 상황에서 새로운 수익모델로서 광고 기반 요금제에 주목하고 있다고 판단된다(손현정·이상원, 2024).

넷플릭스의 경우 2022년 광고 요금제 출시 후 1년 만인 2023년 11월에 이 요금제에 가입한 구독자 수가 전 세계에서 총 1500만 명에 이르렀으며, 이 수치는 2023년 5월 넷플릭스가 전 세계 광고 요금제 이용자 수가 약 500만 명이라고 발표했던 수치의 약 3배로 증가한 것이다(연합뉴스, 2023.11.2). 또한 최근 디즈니 플러스는 2023년 3월부터 9월까지 신규 가입자의 50% 이상이 광고 상품을 선택했다고 밝힌 바 있다(ZDNET Korea, 2023.10.29). 이와 같은 SVOD 서비스 광고 기반 요금제는 특히 복수의 SVOD 서비스에 이미 가입해 있는 다중 OTT 플랫폼 이용자들이 비용을 절감하기 위한 선택으로도 충분히 매력적이라고 볼 수 있다(손현정·이상원, 2024). 국내시장에서도 넷플릭스 광고형 요금제 이용 의향 설

을 극대화하는 전략으로 광고에 대한 민감도에 따라 이용자 그룹을 구분한 그룹 간 가격차별화(price discrimination) 전략의 일환으로 볼 수 있다(이상원, 2020).

문조사 결과 응답자의 72.2%가 긍정적으로 평가한 것으로 나타났다(한국언론진흥재단, 2022).

이와 함께 최근에는 북미와 유럽의 일부를 중심으로 '차세대 미디어 플랫폼'으로 불리는 FAST 플랫폼 서비스 이용자도 빠르게 증가하고 있다. FAST는 애플리케이션 또는 셋톱박스를 통해서 실시간 방송과 영상 콘텐츠 등 다양한 채널이 포함된 콘텐츠를 제공하면서 구독료 대신 광고 수입으로 운영하는 플랫폼으로서 가입비가 없기 때문에 이용자 확보가 용이하고 기존 SVOD 서비스에 비해 해지율이 상대적으로 낮은 것이 장점으로 여겨지고 있다(이상원, 2023).

이용자를 많이 확보할수록 많은 광고를 끌어들일 수 있으며, 광고주들이 해당 서비스가 제공하는 이용자 데이터에 만족할수록 프리미엄 광고가 붙어 큰 수익이 발생하고, 이는 다시 이용자 확보를 위한 콘텐츠 수급에 투자될 수 있는 장점이 있다(ZDNET Korea, 2022.5.20).

FAST 플랫폼은 광고주에게는 보다 정확한 타깃 소비자에게 광고를 집행할 수 있도록 해주고 플랫폼 사업자에게는 이용자 확보 용이성을 바탕으로 구독료 이상의 광고 수익 확보를 가능하게 해주고 있다. 이에 따라 TV 광고시장이 급격하게 줄어들고 있는 상황에서 FAST가 이를 보완하는 역할을 할 가능성이 제기되고 있다(한국방송통신전파진흥원, 2021).

설문조사에서 미국 SVOD 이용자의 55%가 구독료 부담으로 구독서비스를 줄일 의향을 가지고 있다는 점에서 FAST는 미국 시장과 같이 SVOD 서비스가 이미 충분히 성장한 시장에서 확산될 가능성이 높다고도 볼 수 있다(한국방송통신전파진흥원, 2021). **그림 1-13**과 같이 미국 시장

그림 1-13 미국 FAST 플랫폼 시청 비율(2020~2022)

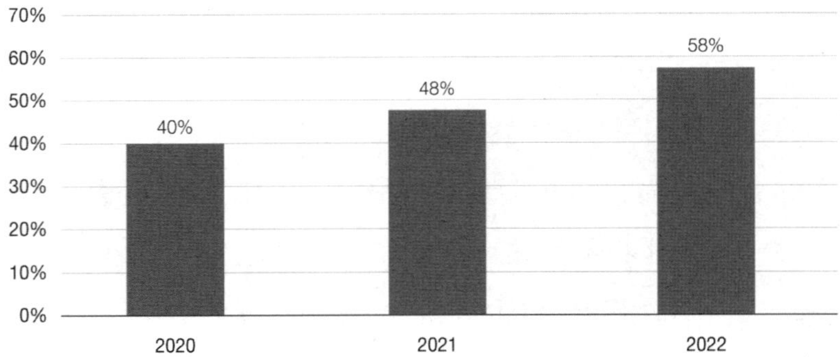

자료: Statista(2022)

에서 FAST 플랫폼 시청 비율은 2020년 40%에서 2022년 58%까지 빠르게 성장한 것으로 나타났다(Statista, 2022). 최근 FAST 서비스는 기존 유료방송 가격이 높은 수준이며 상대적으로 SVOD 서비스가 이미 성장한 지역을 중심으로 시장 규모가 커지고 있다고 볼 수 있다.

DX 3.0 패러다임

앞서 살펴본 바와 같이 디지털 전환(DX)은 미디어 및 ICT 관련 산업의 하나의 환경적 요소로 작용하고 있다. 디지털 전환은 개인적 기술 이용 차원(미시적 접근), 조직적(기업적) 차원, 사회적(거시적) 차원에서 설명이 가능하지만 '디지털 전환'이라는 용어와 개념을 미디어 산업 변화에 기반했을 때 시대적 흐름에 따라 세 가지 유형으로 구분이 가능하다(**표 1-1** 참조).

표 1-1 디지털 전환(DX) 패러다임 구분과 미디어 산업

DX 패러다임 구분	기술적 특징	ICT·미디어 산업적 특징	주요 추구 가치	중심적 정책 문제
DX 1.0 (1999~2009)	- 브로드밴드 기술 상용화 - 브로드밴드 기술에 기반한 기술적 융합	- 방송·통신 융합 - 통신산업 성장 - 케이블, IPTV 및 PP 등 유료방송 산업 성장	- 효율성 및 생산성 추구 - 혁신	- 인프라 구축 - 혁신 성장 - 공정 경쟁 - 보편적 서비스 - 공적 책임
DX 2.0 (2010~2022)	- AI, 빅데이터 등 DX 주도 기술의 전략적 이용 - 융합의 고도화	- OTT 등장과 성장 - 디지털 플랫폼 고도 성장 - 플랫폼 경제 - 글로벌 플랫폼 사업자 영향력 확대	- 플랫폼 기반 효율성 및 생산 성 고도화 - 개인화된 서비스 제공을 통한 이용자 최적 경험 제공 - 혁신	- 혁신 성장 - 공정 경쟁 - 보편적 서비스 - 이용자 보호
DX 3.0 (2023~)	- 생성형 AI, 6G, 메타버스 등 다양한 DX 주도 기술의 활용과 DX 심화 - 이종 기술 융합	- 디지털 플랫폼 성장의 성숙기 도래 - 이종 산업 간 융합 - 글로벌 플랫폼 및 대형 플랫폼 사업자 영향력 확대	- 효율성 및 생산성 추구와 사회적 책임의 조화 - 혁신 성장과 사회적 효율성 추구	- 혁신 성장 - 공정 경쟁 - 디지털 이용자 보호 및 보편적 서 비스 - 글로벌 플랫폼 사업자 규제 및 로컬 사업자 경쟁력 제고를 위한 진흥 정책

자료: 이상원(2022b)를 수정 및 재구성

디지털 전환의 첫 번째 패러다임인 디지털 전환 1.0(DX 1.0) 패러다임은 1999년 이후 브로드밴드 기술의 상용화가 가져온 기술적 융합이 플랫폼을 통해 초기 구현된 기술적 특징을 가지고 있다. 나라별로 기술 발전과 브로드밴드 인프라가 갖추어지면서 음성, 영상, 데이터가 동시에 제공되기 시작했던 시대라고 볼 수 있다. DX 1.0 패러다임 시기는 산업

적 측면에서는 통신산업의 급속한 성장, 방송통신 융합, 케이블, IPTV, PP 등 유료방송산업의 성장 시기와 일치하고, 효율성 및 생산성 향상을 통한 혁신 성장이 주된 추구 가치였던 시기로 볼 수 있다(이상원, 2022b). DX 1.0 패러다임은 주로 브로드밴드 기술 상용화가 시작된 1999년부터 2009년까지의 기간이 해당되며, 주로 통신 및 ICT 인프라 초기 구축을 통해 혁신 성장, 공정 경쟁 및 보편적 서비스 제공 등 공적 책임 보장 등이 중심적 정책 문제였다고 볼 수 있다.

앞에서 살펴본 DX 1.0 패러다임은 AI, 빅데이터 등 디지털 전환 주도 기술의 전략적 활용을 통해 효율성, 생산성 및 융합의 고도화를 추구한 디지털 전환 2.0(DX 2.0) 패러다임으로 변화하였다. DX 2.0 패러다임은 넷플릭스와 같은 미디어 플랫폼이 현재와 유사한 SVOD 서비스를 제공하면서 급격하게 성장하고, 디지털 플랫폼 성장이 플랫폼 경제를 주도하고 글로벌 디지털 플랫폼 사업자의 영향력이 확대된 시기라고 볼 수 있으며, 효율성 및 생산성의 고도화와 이용자에게 개인화된 서비스 등을 통해 최적 경험을 제공하는 것이 점차 이전보다 중요해진 시기라고 볼 수 있으며, 시간적으로는 대략 2010년부터 코로나19의 영향력이 점차 감소한 2022년까지의 시기로 볼 수 있다(이상원, 2022b). DX 2.0 패러다임에서도 혁신 성장, 공정 경쟁 및 보편적 서비스 제공 등은 여전히 중심적 정책 문제였지만 이용자 보호와 관련 다양한 정책 문제도 예전보다 더 강하게 제기되어 온 시기였다고 볼 수 있다. 코로나19 시기는 디지털 전환을 각 산업에 기존보다 더 빠르게 확산시키는 데 기여하였고 디지털 전환은 이용자 개인, 조직 및 사회에서도 확산되어 성숙기로 이행하는 데 크게 기여한 것으로 보인다.

이러한 DX 2.0 패러다임 후반기에 디지털 전환은 각 기업의 생산성과 효율성을 강조하면서 혁신 성장의 동인으로 그동안 기여해 왔으나 성숙기를 거치면서 다양한 사회적 문제도 제기되고 있다. 예를 들어 플랫폼 효과에 따른 플랫폼의 대형화와 이에 따른 승자독식 시장 현상, 디지털 플랫폼 이용자 보호와 혁신의 지속성 문제 및 플랫폼의 사회적 책임 문제 등이 지속적으로 제기되고 있다.

DX 2.0 패러다임은 코로나19 시기가 종료되고 생성형 AI 기술과 같은 새로운 혁신 기술이 시장에서 상용화되면서 향후 디지털 전환은 이종 기술 및 이종 산업 간 융합으로 진화하면서 혁신 성장을 추구하면서도 적절한 사회적 책임이 균형을 이루게 되는 디지털 전환 3.0(DX 3.0) 패러다임으로 변화할 가능성이 커지고 있다(**표 1-1** 참조).

이와 같은 DX 3.0 패러다임에서는 생성형 AI, 6G, 메타버스, 블록체인 등 디지털 전환 2.0 시기보다 더 다양한 디지털 전환 주도 기술이 진화하고 심화·발전하면서 이종 기술 및 이종 산업 간 융합이 주요 성장전략이 될 것으로 예측된다. DX 3.0 패러다임에서는 효율성 추구와 기업의 사회적 책임이 현재보다 더 균형을 이루고, 자율규제와 기업의 사회적 책임을 강조하면서도 반드시 필요한 규제는 적절한 수준에서 도입하여 혁신 성장과 사회적 책임, 사회적 효율성 및 민주주의가 함께 조화롭게 병행하는 패러다임으로 발전할 것으로 보인다. 이와 같은 DX 3.0 패러다임에서의 중심적 정책 문제는 혁신 성장, 공정 경쟁, 디지털 이용자 보호 및 디지털 보편적 서비스 제공, 글로벌 사업자 규제 등이 될 것으로 예상된다(이상원, 2022b).

따라서 DX 3.0 패러다임에서는 이전 시기보다 한편으로 글로벌 디지털 플랫폼 사업자에 대응할 수 있는 국내 미디어 플랫폼 산업의 경쟁력 제고를 위한 진흥정책을 고려하면서도 적절한 미디어 플랫폼 규제체계 도입을 통한 사회적 책임을 제고하는 것이 장기적으로 중요한 정책방향이 될 것으로 보이며, 이와 함께 이종 산업 간 융합전략이 혁신 성장 측면에서 현재보다 더 다양하게 추구될 가능성이 높아지고 있다.

참고문헌

대외경제정책경제연구원. 2022.「2022년 세계경제 전망」. ≪오늘의 세계경제≫. 대외경제정책경제연구원.

≪디지털투데이≫. 2023.4.28. "AI로 만든 피자 광고 영상, 일론 머스크도 '헉'". https://www.digitaltoday.co.kr/news/articleView.html?idxno=475259

리서치애드. 2023. Video Report.

≪매일경제≫. 2022.7.4. "주요4개국서 10조5천억달러 풀려 … 돈줄 조이기 빨라진다". https://www.mk.co.kr/news/economy/10374028

방송통신위원회. 2023a.『2022년 방송사업자 재산상황 공표집』.

______. 2023b.『2023 방송매체 이용행태 조사』.

손현정·이상원. 2024.「가입형 OTT 플랫폼 서비스 이용자들의 광고 기반 요금제 전환의도에 관한 연구」. ≪언론정보학보≫ 통권 124호. 50~92쪽.

≪아이뉴스≫. 2023.12.20. "토종 OTT 생존 위기 … 티빙·웨이브 합병 급물살". https://www.inews24.com/view/1667348

연합뉴스. 2023.11.2. "넷플릭스 "광고요금제, 전세계 1천500만 명 가입 … 다운로드 지원". https://www.yna.co.kr/view/AKR20231102008700075

______. 2024.2.2. "IMF "中경제 불확실성 높다 … 성장률 2028년 3.4%까지 하락 전망"." https://www.yna.co.kr/view/AKR20240202019200071

유건식. 2022.「OTT 이용 행태와 디지털 삶의 확장」. 2022 사이버커뮤니케이션학회 봄철 정기학술대회.

≪이데일리≫. 2023.4.25. "넷플릭스, 향후 4년간 한국 콘텐츠에 3조원 투자 발표". https://www.edaily.co.kr/news/read?newsId=01131606635579728&mediaCodeNo=258

이상원. 2020.『디지털 트랜스포메이션과 동영상 OTT 산업』. 한울엠플러스.

______. 2022a.『ICT와 미디어』. 퍼플.

______. 2022b.『디지털 전환 3.0 패러다임과 미디어 플랫폼 산업의 미래 전략 및 정책』. 정보통신정책연구원.

______. 2022c. 「글로벌 경제위기와 미디어산업」. 제5차 디지털미디어 콘텐츠 진흥포럼 발제문.
______. 2023. 「미디어 플랫폼을 통한 국내 방송·미디어 콘텐츠 글로벌 유통 활성화를 위한 정책과제」. 한국방송학회 디지털 전환과 미디어혁신 연구회 발제문.
이지현. 2023. "구글 및 엔비디아, AI 영상 생성 업체 '런웨이'에 1억 4,100만 달러 투자", ≪CIO≫. https://www.ciokorea.com/news/297235
최계영. 2020. "디지털 플랫폼의 경제학 I: 빅데이터, AI 시대 디지털 시장의 경쟁 이슈". ≪KISDI Premium Report 20-01≫.
하이투자증권 리서치센터. 2022. "2022년 하반기 경제 전망: 먹구름 경제, 벼락도 동반하나?"
한국방송통신전파진흥원. 2021. 『FAST의 최근 동향과 전망: 국내외 주요 사례 중심으로』. 한국방송통신전파진흥원.
한국언론진흥재단. 2022. 「'광고요금제' 도입을 앞둔 넷플릭스에 대한 인식 및 이용조사」. ≪Media Issue≫, 8권 5호.
한국콘텐츠진흥원. 2021. 『2021 디지털전환시대 콘텐츠 이용 트렌드 연구』. KOCCA 보고서.
______. 2022. 『2021 방송영상산업백서』. 한국콘텐츠진흥원
현대경제연구원. 2023. "글로벌 경제 리스크 요인과 시사점". ≪경제주평≫. 현대경제연구원
ZDNET Korea. 2022.5.20. "광고 보면 공짜… FAST 플랫폼이 뜬다". https://zdnet. co.kr/view/?no=20220520114212
______. 2023.10.29. "디즈니 플러스 신규 가입자 중 절반이 광고 상품 선택." https://zdnet.co.kr/view/?no=20231028230746

Digital TV Research. 2023. "SVOD subscriptions to grow by 321 million." https://digitaltvresearch.com/svod-subscriptions-to-grow-by-321-million
Hitt, M., R. Ireland, & R. Hoskisson. 2001. *Strategic management: Competitiveness and globalization*, Cincinnati: South-Western

College Publishing/Thomson Learning.

IDC. 2015. "Digital Transformation(DX): An opportunity and an imperative."

International Monetary Fund. 2022. "World Economic Outlook."

______. 2024. "World Economic Outlook Update."

JustWatch. 2024. "Streaming Charts." https://amazingstories.com/2024/04/ justwatch-releases-1st-quarter-streaming-data-look/

Market.us. 2023. "Global Text to Video AI Market." https://market.us/report/text-to-video-ai-market

PwC. 2022. "PwC Global Entertainment and Media Outlook 2022-2026."

Statista. 2022. "Statista Statistics."

______. 2023. "Statista Statistics."

2장

미디어 플랫폼 산업의 성장과 변화

글로벌 미디어 플랫폼 시장의 변화

2016년 1월 넷플릭스의 국내 미디어 산업 진출 이후 국내 미디어 플랫폼 시장에는 다양한 글로벌 미디어 플랫폼 사업자가 진출해 있다. 따라서 국내 미디어 플랫폼 시장을 살펴보기 전에 글로벌 미디어 산업과 미디어 플랫폼 시장 현황과 변화를 살펴볼 필요가 있다. 2023년 전 세계 미디어 및 엔터테인먼트 시장의 규모는 2조 8700억 달러 이상이 될 것으로 추정되며 2021년부터 2026년까지 연평균 성장률은 약 5.19%로 추정되고 있다(PwC, 2022)(**그림 2-1** 참조). **그림 2-1**에서 확인할 수 있듯이 코로나19가 전 세계로 확산되었던 2020년에 코로나19는 미디어 및 엔터테인먼트 시장 성장에 부정적인 영향을 미쳤다. 그러나 비대면 환경에서도 쉽게 이용이 가능한 OTT 비디오와 비디오 게임 등의 몇몇 분야에

그림 2-1 글로벌 미디어 및 엔터테인먼트 시장 규모(2017~2026)(단위: 10억 달러)

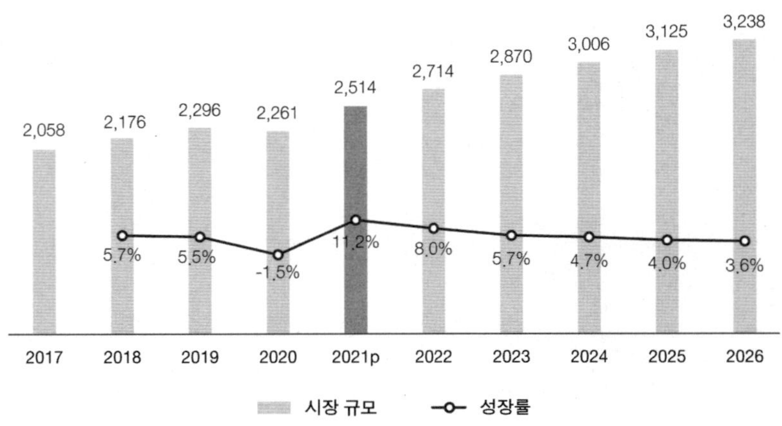

자료: PwC(2022)

서는 오히려 시장이 성장하였다.

글로벌 스트리밍 시장 성장

2018년부터 2027년까지 주요 글로벌 디지털 미디어 콘텐츠의 시장 성장률은 높은 순서대로 OTT 비디오, 비디오 게임, 디지털 음악, 전자출판으로 추정되고 있으며(Statista, 2022), 2017년부터 2026년까지 전통 방송서비스 연평균 성장률은 -0.79%, OTT 서비스 연평균 성장률은 3.93%로 추정되고 있다(PwC, 2022)(**그림 2-2** 참조).

PwC(2022)는 2022년 글로벌 OTT 시장 규모는 879.9억 달러, 국내 OTT 시장은 19억 100만 달러로 추정하고 있으며, SVOD와 TVOD를

그림 2-2 주요 디지털 미디어 콘텐츠 성장률 전망(2018~2027)

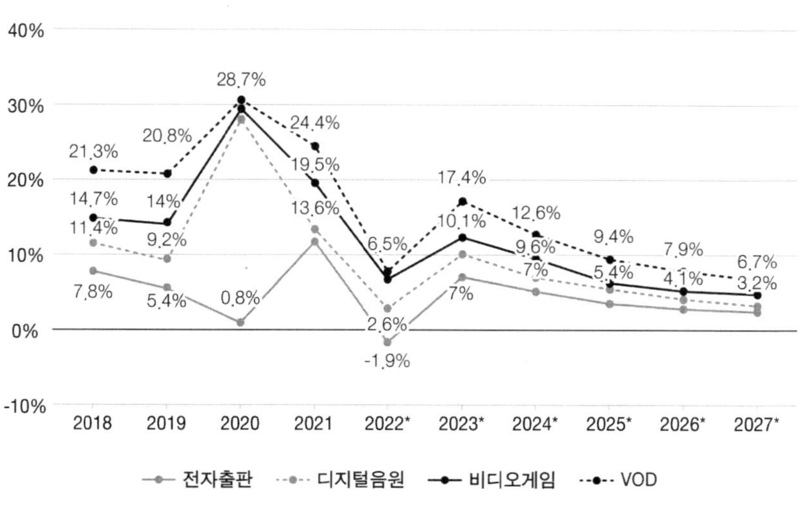

자료: Statista(2022)

그림 2-3 글로벌 동영상 OTT 시장 매출액 추이(2017~2026)(단위: 100만 달러)

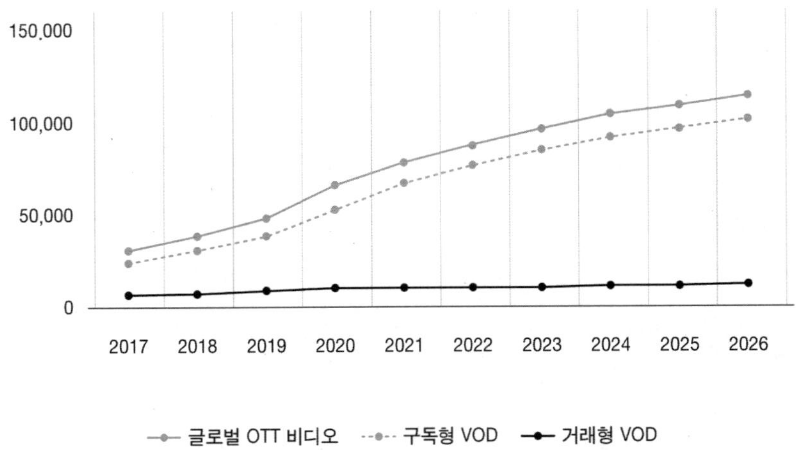

자료: PwC(2022)

합친 글로벌 OTT 시장은 2026년까지 연평균 7.6%, 국내 OTT 시장은 연평균 9.99% 성장할 것으로 예상하고 있다(**그림 2-3** 참조).[1)]

이와 같은 PwC(2022)의 추정에 근거했을 때 2022년부터 2026년 글로벌 OTT 시장은 약 1.30배, 국내시장은 약 1.36배 성장할 것으로 예상된다. 그러나 흥미로운 부분은 이와 같은 성장세에도 불구하고 2024년 이후에는 유료형 OTT 시장의 성장의 폭이 조금씩 줄어들 것으로 예상되고 있다는 점이다(이상원, 2023a; PwC, 2022).

---

1) PwC의 글로벌 OTT 시장 규모 추정은 SVOD와 TVOD만을 합산하여 추정하고 있다. 이에 따라 PwC가 추정한 글로벌 OTT 시장 규모에는 AVOD는 포함되지 않는다.

SVOD와 TVOD 시장과 함께 살펴볼 필요가 있는 시장은 AVOD 시장이다. AVOD 시장은 PC 기반 인터넷 동영상 광고시장과 모바일 동영상 광고시장의 합으로 시장 규모를 대략적으로 추정해 볼 수 있다. PC 기반 인터넷 동영상 광고시장은 2019년부터 2024년까지 연평균 약 6.03% 성장이 예상되며, 모바일 동영상 광고시장은 2019년 2024년까지 연평균 약 10.62% 성장할 것으로 추정되고 있다(PwC, 2021). 따라서 AVOD 시장은 모바일 동영상 광고시장을 중심으로 성장해 왔다고 볼 수 있다. 대표적인 AVOD 서비스인 유튜브의 광고 매출액은 2022년 4분기에 79억 6000만 달러로 추정되고 있으며, 2023년 초 유튜브의 월간 이용자 수는 25억 6000만 명으로 추정되고 있다(Shepherd, 2023; ZDNET Korea, 2023.2.3).

경쟁 심화, 콘텐츠 투자 경쟁, 영업 적자

해외로 진출하고 있는 경쟁력 있는 글로벌 미디어 플랫폼 서비스의 대부분이 미국 시장에 기반하고 있다는 점을 고려한다면 미국 SVOD 시장을 살펴볼 필요가 있다. 미국 SVOD 시장은 경쟁 심화 상황을 뚜렷하게 보여주고 있다. 미국 스트리밍 시장에서 넷플릭스는 그동안 시장 점유율 1위를 지키고 있었지만, 2022년 말 이후부터는 아마존 프라임 비디오(Amazon Prime Video)의 시장 점유율이 넷플릭스의 시장 점유율을 추월했다는 조사 결과가 발표되고 있다(JustWatch, 2024). 저스트와치(JustWatch, 2024)의 조사 결과에 따르면 시청자 관심도를 기준으로 점유율 추정했을 때 아마존 프라임 비디오 2024년 1분기에도 시장 점유율

그림 2-4 미국 SVOD 시장 점유율 현황(2024년 1분기)

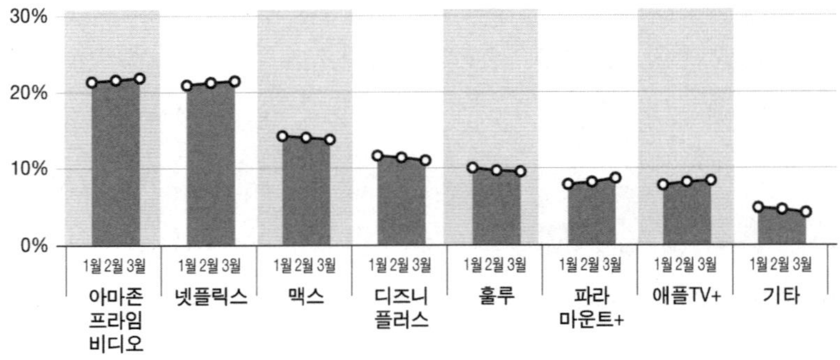

자료: JustWatch(2024)

약 22%로 미국 시장 점유율 1위를 유지하고 있는 것으로 보인다. 같은 조사에서 넷플릭스는 시장 점유율 약 21%로 미국 시장 점유율 2위를 차지하고 있으며 이와 함께 맥스(14%), 디즈니 플러스(11%)는 각각 시장 점유율 3, 4위를 기록하고 있다.

조사 결과 중 흥미로운 점은 아마존 프라임 비디오와 넷플릭스의 점유율은 2024년 1분기에 들어서면서 상승세인 반면에 맥스, 디즈니 플러스, 훌루(Hulu) 등은 하향세인 점이 눈에 뛴다. 아마존 프라임 비디오와 넷플릭스의 여전한 강세에도 불구하고 디즈니는 디즈니 OTT 플랫폼인 디즈니 플러스, 훌루 및 ESPN 플러스의 시장 점유율을 합산할 경우 회사 전체로 계산해 보았을 때 미국 시장에서 점유율 1위를 기록하고 있다고 볼 수 있다.

글로벌 SVOD 시장 전체에서도 성장과 함께 경쟁은 심화될 것으로 예측되고 있다. 디지털 TV 리서치(Digital TV Research, 2023)에 따르면

그림 2-5 주요 글로벌 SVOD 사업자들의 콘텐츠 투자액 추정(2021년, 2026년(추정))

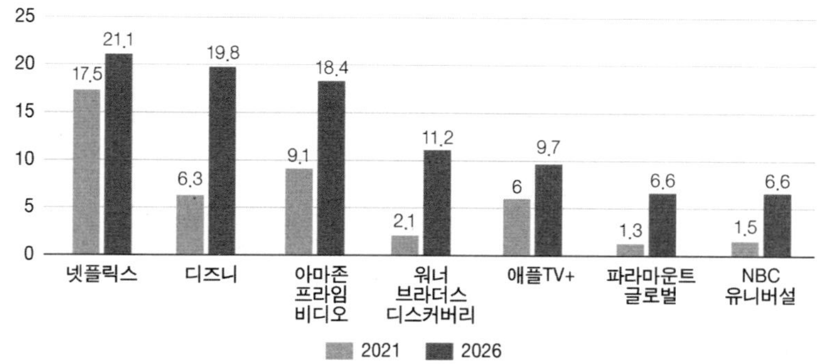

자료: Statista(2023); Wells Fargo(2021)

2023년 이후 2029년까지 글로벌 SVOD 가입자 수는 약 3억 3200만 명 이상 증가할 것으로 예측되고 있으며 2029년에 전 세계 SVOD 가입자는 약 17억 9000만 명으로 예상되고 있다. 이와 함께 2029년에도 넷플릭스, 아마존 프라임 비디오, 디즈니 플러스가 시장에서 1위 경쟁을 할 것으로 예상되고 있다.

이와 같은 시장 경쟁 심화는 최근 글로벌 스트리밍 플랫폼 사업자들의 콘텐츠 투자 경쟁을 촉발했다. 글로벌 스트리밍 시장 1위 사업자인 넷플릭스의 콘텐츠 투자액수는 2021년 175억 달러에서 2026년에는 210억 달러 이상으로 증가될 것으로 추정되고 있으며, 경쟁사인 아마존 프라임 비디오와 디즈니도 180억 달러 이상을 콘텐츠에 투자할 것으로 예상되고 있다(Statista, 2023; Wells Fargo, 2021)(**그림 2-5** 참조). 이와 같은 콘텐츠 투자액의 급격한 증가는 한편으로는 오리지널 콘텐츠 제작과 독점적 콘텐츠 확보에 기반한 콘텐츠 차별화 전략을 통한 가입자 수 유지 또는

그림 2-6 주요 글로벌 스트리밍 플랫폼 사업자들의 직접 소비자 대상 부문 수익성 추정 (2023년 3분기)

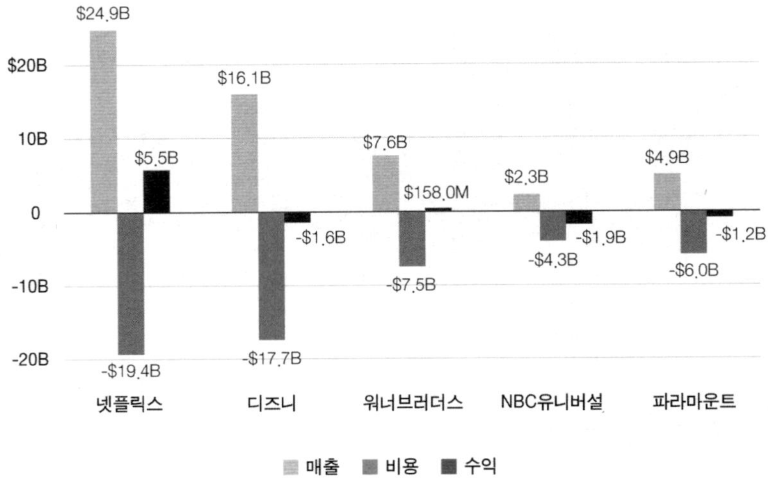

자료: Variety Intelligence Platform(2023)

증가에 기여했다고 볼 수 있지만, 다른 한편으로는 SVOD 서비스를 제공하는 대부분의 플랫폼 사업자들이 영업 적자를 기록하게 하는 시장 상황을 초래했다고 할 수 있다.

예를 들어 **그림 2-6**은 주요 스트리밍 플랫폼 사업자들의 직접 소비자 대상 부문 수익성(Direct-to-Consumer Segment Earnings)을 보여준다. 직접 소비자 대상 부문 수익성은 기업이 제품이나 서비스를 중간 유통업체나 소매업체를 거치지 않고 직접 최종 소비자에게 판매할 때 그 부문에서 발생하는 수익을 의미하며, 글로벌시장 1위 사업자인 넷플릭스의 경우 55억 달러의 수익을 낸 것으로 추정된다. 그러나 넷플릭스를 제외한 대부분의 사업자들은 기대만큼의 수익을 내지 못하고 있거나 적자를 지속 중인 것으로 보인다.

결국 이와 같은 글로벌 SVOD 사업자들의 적자 상황은 결국 '지속 가능한 SVOD 사업 경영'을 각 기업에서 심각하게 고민하게 만드는 계기가 되었으며, 앞서 1장에서 언급한 바와 같이 넷플릭스 등 글로벌 스트리밍 사업자들이 광고를 포함한 저가 요금제를 전략적으로 출시하면서 시장 상황에 적극적으로 대응하게 하는 결과를 가져왔다고도 볼 수 있다. 특히 경쟁 심화와 수익성 악화에 대응하여 넷플릭스는 2022년 4분기 광고를 포함한 저가 요금제를 출시했고, 핀란드에 게임 스튜디오를 설립하는 등 전략적으로 대응하였으며, 계정 공유 유료화를 확대하는 계획을 발표한 바 있다. 이와 함께 대부분의 글로벌 스트리밍 사업자들은 SVOD 서비스 가격을 인상하면서 최근에는 '스트림플레이션(streamflation)'[2]이라는 신조어가 생겨나기도 하였다.

OTT 사업자들의 스포츠 중계 확대

최근 글로벌 OTT 시장에서 발견할 수 있는 새로운 변화 중 하나는 글로벌 SVOD 사업자들의 스포츠 중계 확대와 이를 통한 시청자 확보 전략을 들 수 있다. **그림 2-7**과 같이 미국에서는 2023년 중반 이후 5000만 명 이상이 NFL, MLB, NHL, NBA 등 프로와 대학 리그 경기들을 스트

---

2) '스트림플레이션'은 '스트리밍(streaming)'과 '인플레이션(inflation)'을 합친 신조어로, 스트리밍 서비스 이용자 비용 증가 현상을 의미한다고 볼 수 있다. OTT 플랫폼 사업자들의 오리지널 콘텐츠 투자 경쟁은 이용자들에게 일부 비용이 전가되고 있다고도 볼 수 있을 것이다.

그림 2-7 미국 스트리밍 플랫폼 사업자들의 스포츠 중계 시청자 수(2021~2023)

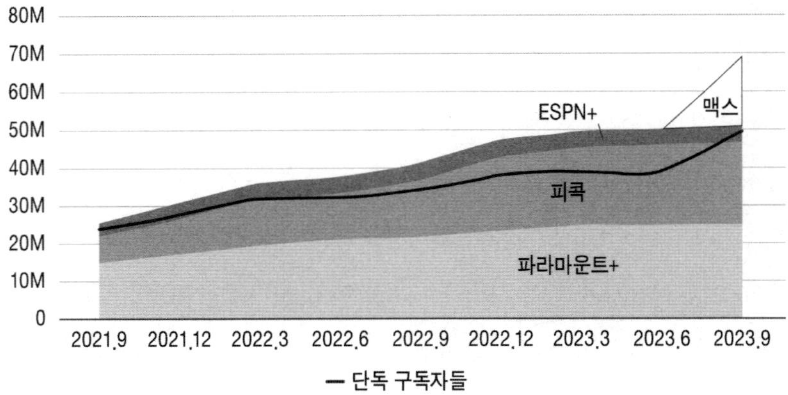

자료: Antenna(2023)

리밍 플랫폼을 통해 시청 중이다(Antenna, 2023). 특히 **그림 2-7**에서 확인할 수 있듯이 파라마운트 플러스(Paramount+)와 피콕(Peacock)이 스트리밍 스포츠 중계 시장에서 점유율이 큰 것으로 나타나고 있고, 맥스(Max)는 2023년 이후 스트리밍을 통한 스포츠 중계 경쟁에 참여하면서 전체 시장 규모 증가에 기여하고 있다.

스트리밍 플랫폼 사업자들의 이와 같은 스포츠 중계는 신규 가입자 증가에 크게 기여하고 있는 것으로 보인다. **그림 2-8**은 슈퍼볼, NFL 등 주요 스포츠 이벤트 시, 파라마운트 플러스와 피콕의 신규 OTT 가입자가 큰 폭으로 증가하고 있음을 보여준다(Antenna, 2023).

OTT를 통한 스포츠 중계는 언제 어디서나 인터넷이 연결된 기기를 통해 스포츠 경기를 시청할 수 있게 해주는 등 OTT 플랫폼의 장점을 살릴 수 있고, 플랫폼 체류 시간을 증가시켜 주고, 충성도 높은 스포츠 시청

그림 2-8 파라마운트 플러스와 피콕의 신규 가입자 수 변화 추이(2021~2023)

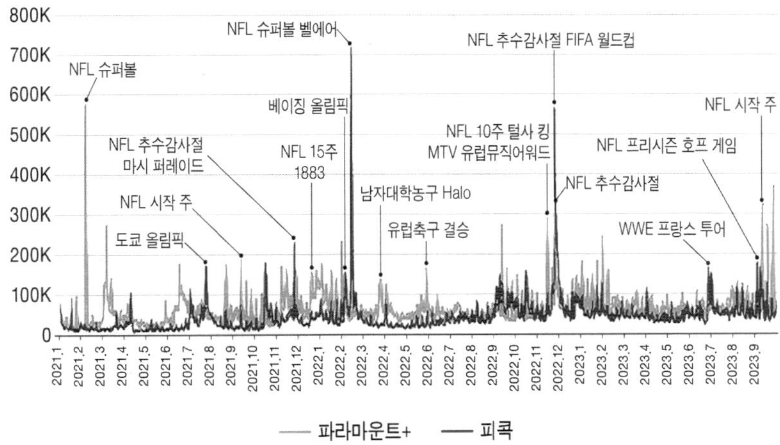

자료: Antenna(2023)

자를 확보하여 가입을 오랜 기간 동안 유지할 수 있는 여러 가지 장점이 있는 것으로 판단된다. 또한, 여러 스포츠 이벤트를 동시에 제공하여 이용자에게 콘텐츠를 선택할 수 있는 기회를 제공할 수 있고, 향후 이용자의 시청 패턴과 선호도에 따라 다양한 맞춤형 콘텐츠 추천을 제공하면서 서비스를 현재보다 더 고도화할 수 있을 것으로 보인다.

최근 국내시장에서도 티빙(TVING)이 한국프로야구(KBO) 중계권을 획득하면서 2024년 2분기 초반 월간 활성 이용자 수(Monthly Active Users: MAU)가 700만 이상으로 증가하는 등 향후에도 미디어 플랫폼 사업자들의 스포츠 중계권을 위한 투자와 이를 통한 경쟁력 확보 노력은 계속될 것으로 보인다.

국내 미디어 산업의 위기와 기회

코로나19 이후 국내 미디어 시장에서 동영상 OTT 플랫폼 이용자 수가 빠르게 증가하면서 2023년 OTT 이용률이 77%에 도달하는 등 국내 시장에서도 OTT를 중심으로 한 미디어 플랫폼 산업이 성장해 왔다고 할 것이다. 2022년 하반기 이후 국내 SVOD 시장에서 쿠팡플레이를 제외한 국내 SVOD 사업자들의 이용자 수는 답보 상태에 있었지만, 2024년 이후 티빙이 프로야구 중계권을 획득한 후 국내 OTT 플랫폼 중에서 1위를 유지하면서 국내시장 전체 1위인 넷플릭스와의 격차는 일간 활성 이용자 수(Daily Active Users: DAU) 측면에서는 줄어들고 있는 추세이다(**그림 2-9** 참조).

그림 2-9 OTT 일간 활성 이용자 수(DAU) 변화 추이(2024년 1월~2024년 4월)(단위: 100만)

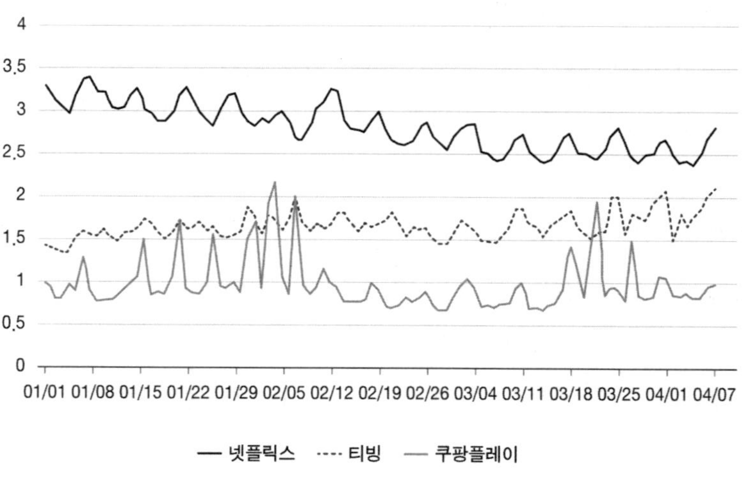

자료: 아이지웨이웍스 모바일 인덱스(2024)

이와 같은 국내 SVOD 사업자들의 최근 성과에도 불구하고 최근 국내 미디어 산업은 미디어 플랫폼 부문에서 위기를 맞고 있는 한편 방송·미디어 한류 콘텐츠와 관련해서는 기회를 맞고 있으며, 미디어 산업 내에서의 이와 같은 이질적인 현상이 함께 존재하고 있다는 평가도 존재한다. 국내 미디어 플랫폼 산업의 위기적 측면과 기회적 측면을 살펴보면 다음과 같다.

SVOD: 영업손실, 제작비 상승, 콘텐츠 투자 여력 감소

SVOD 서비스의 경우 가장 큰 위기 요소로 지적되고 있는 부분 중 하나는 국내 SVOD 사업자들의 계속적인 영업손실이라고 볼 수 있다(**그림 2-10**). 2021년부터 2023년까지 국내 주요 SVOD 사업자들의 영업손실

그림 2-10 국내 SVOD 사업자들의 영업손실 변화 추이(2021~2023)

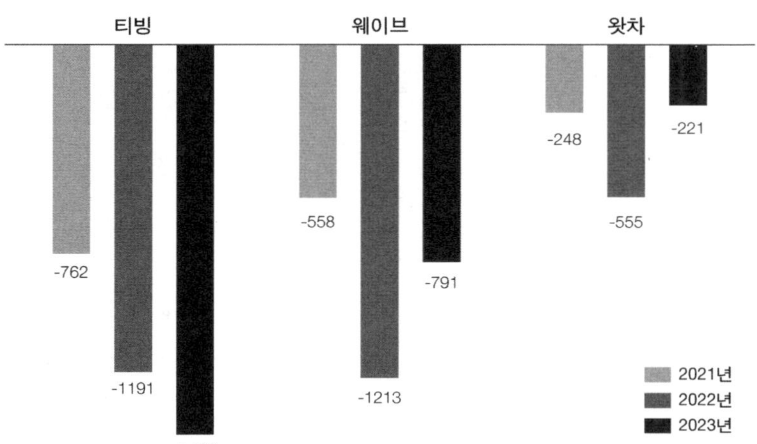

자료: ≪미디어오늘≫(2024)

규모를 보여준다. 국내 SVOD 사업자들의 성장 답보 상태로 고전을 했었던 시기인 2021년 2022년에 영업손실 폭이 커진 것으로 보인다. 다만 2023년의 경우 웨이브와 왓챠 플레이의 영업손실 폭은 줄어든 것으로 나타났다. 오리지널 콘텐츠에 대한 투자액을 조정한 결과로 해석할 수 있다. 반면 최근 드라마 회당 제작비 등 방송·미디어 콘텐츠 제작비는 계속 상승 추세에 있어서 이와 같은 SVOD 시장 상황에 변화에 따라 국내 SVOD 사업자의 콘텐츠 투자 여력은 계속 감소하고 있으며, 콘텐츠-플랫폼 선순환 생태계의 위기 가능성이 증대되고 있다고 볼 수 있다.

유료방송 플랫폼: 시장 성장 정체, 제작비 상승, 홈쇼핑 사업자 재무성과 부진

유료방송 플랫폼 시장의 경우 최근 성장 정체 움직임을 보이고 있으며, 특히 그동안 유료방송 플랫폼 성장을 이끌어 왔던 IPTV 가입자 수도 2023년에는 성장이 확연히 느려졌다. 특히 종합유선방송 가입자 수와 위성방송 가입자 수가 감소하면서 2024년 전체 유료방송 가입자 수는 2023년보다 감소할 가능성도 제기되는 상황이다(**그림 2-11** 참조).

또한, 최근 유료방송시장에서 2021년 이후 홈쇼핑방송과 유료방송 관련 광고 매출은 하락하고 있으며, 2023년 이후 홈쇼핑 사업자의 재무성과도 2020년 이후 영업이익이 감소하는 등 부진한 모습을 보이고 있으며, 이와 같은 상황에서 2020년 이후 드라마 등 콘텐츠 관련 제작비는 상승 추세로 유료방송 선순환 생태계의 위기 가능성이 증대되고 있는 상황이다(**그림 2-12** 참조).

이와 같은 최근 유료방송시장의 변화는 정부가 전파의 희소성, 방송의

그림 2-11 유료방송 시장 가입자 수 변화 추이(2000~2022)

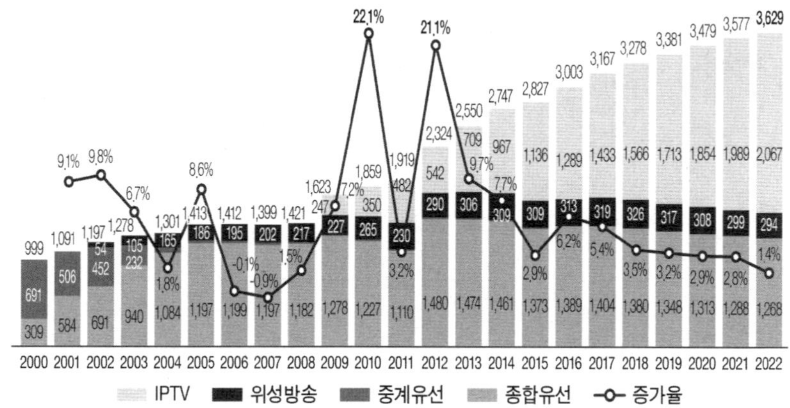

자료: 방송산업실태조사 보고서(2022); 이성춘(2023)

그림 2-12 유료방송 수익원별 매출 변화 추이(2010~2022)

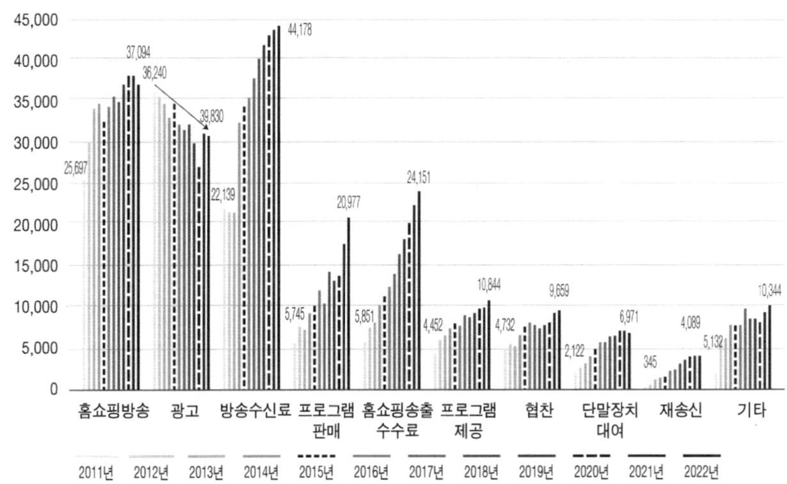

자료: 방송산업실태조사 보고서(2022); 이성춘(2023)

사회적 영향력 및 방송시장에서 독과점을 인정해 주는 대가로 공적 책무를 부여하는 수탁제 모델(trusteeship mode)이 지속 가능한지, 또한 향후에도 계속 효과적으로 작동할 수 있을 것인지와 같은 근본적인 질문을 던지게 한다고 볼 수 있다. 장기적으로 보았을 때 현재 시장제도가 지속 가능하지 않다면 새로운 대안적 제도나 정책 방향이 필요할 수도 있기 때문이다.

국내 미디어 플랫폼: '콘텐츠 규모의 경제' 측면에서의 경쟁력 위기

미디어 플랫폼 산업은 '규모의 경제(economies of scale)'가 중요한 산업이다. 미디어 산업에서 규모의 경제가 발생하는 경우 생산량을 증가시킴에 따라 장기평균비용(Long Run Average Cost: LRAC)은 하락한다(이상원, 2020). 예를 들어 넷플릭스와 같은 글로벌 SVOD 사업자는 190개국 이상의 해외시장 진출을 통해 콘텐츠 투자비용을 분산하고 이를 통해 콘텐츠 투자 여력을 확보하고 있다고 볼 수 있으며, 이에 기반하여 가입자 증가를 통해 선순환 체계를 도모하고 있다.

이에 반해 국내시장 규모가 작은 편이고 비영어권 콘텐츠를 생산하는 로컬 미디어 플랫폼 사업자들은 콘텐츠 규모의 경제 실현과 가입자 증가로의 선순환 체계 실현이 해외에 활발하게 진출하고 있는 글로벌 미디어 플랫폼 사업자보다 상대적으로 더 어렵다. 이런 상황에서 로컬 미디어 플랫폼 산업은 상대적으로 경쟁력 우위(competitive advantage)를 확보하기 어렵다고 볼 수 있다(이상원, 2023b).

글로벌 미디어 강국인 미국의 콘텐츠 시장 규모는 한국의 약 14배 수

그림 2-13 한국과 미국 SVOD 시장 규모 비교(2017~2026)(단위: 100만 달러)

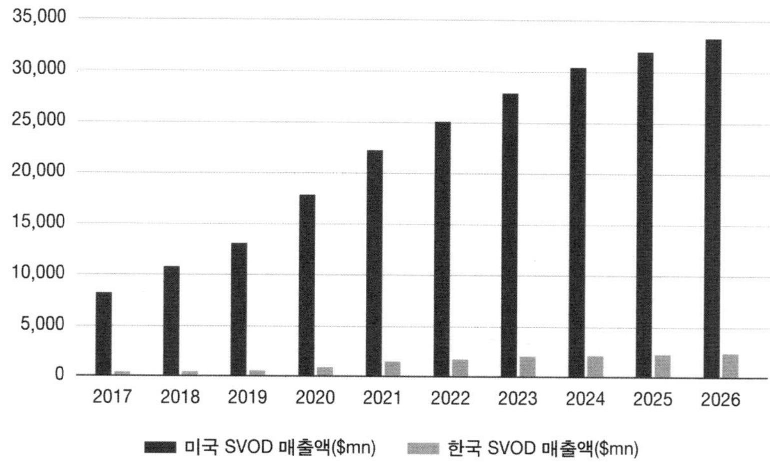

자료: 출처: PwC(2022)

준이고, 디지털 미디어 시장 규모는 약 7.23배 수준이다. 2022년 기준 미국 SVOD 시장의 규모는 한국 시장 규모의 13.4배로 추정되고 있다(PwC, 2022)(**그림 2-13** 참조). 이와 같이 '규모의 경제' 측면에서의 차이는 결국 국내 미디어 플랫폼 사업자의 상대적 경쟁력 열위로 연결되고 있다고 볼 수 있다.

구체적으로, SVOD 플랫폼 가입자당 콘텐츠 비용 부담 측면에서 글로벌 사업자와 국내 사업자의 차이를 살펴볼 필요가 있다. 2023년 3분기 전 세계 넷플릭스 가입자 수는 약 2억 4700만 명으로 추정되고 있으며 콘텐츠에 1000억 원을 투자했다고 가정했을 때 가입자 1인당 콘텐츠 투자비용 부담은 약 404.86원으로 추정된다. 국내의 경우 유사한 시기인 2023년 8월 티빙, 웨이브, 쿠팡플레이 3개 사업자의 월 평균 가입자 수

그림 2-14 주요 SVOD 사업자들의 콘텐츠 투자 규모 비교(2021, 2022)

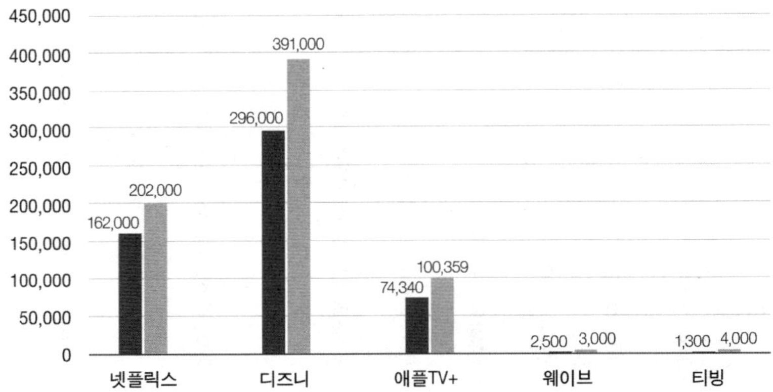

자료: Wells Fargo(2022); ≪조선일보≫(2021.12.31)

는 약 514만이며, 콘텐츠에 1000억 원을 투자했다고 가정했을 때 각 플랫폼 당 가입자 1인당 콘텐츠 투자비용 부담은 약 19455.25원으로 추정할 수 있다. 물론 이와 같은 추정은 매우 단순한 계산일뿐이고 넷플릭스가 각 나라에 직접 진출함에 따라 발생하는 추가적인 비용은 제외한 것이지만, 콘텐츠에 1000억 원을 투자하고 다른 조건이 같다고 가정했을 때 각 국내 사업자가 가입자 1인당 넷플릭스의 약 48(19455.25 / 404.86 = 48.05)배의 콘텐츠 비용을 부담하면서 경쟁하는 상황이라고 볼 수 있으며 이에 따라 국내 미디어 플랫폼 사업자의 경우 영업이익을 낼 수 있는 선순환 체계로 연결되기 어려운 상황임을 어느 정도 가늠할 수 있다(이상원, 2023b).

이와 같은 시장 규모의 차이는 미디어 플랫폼 사업자들의 콘텐츠 투자액 측면에서의 차이로도 연결될 수 있다. **그림 2-14**는 넷플릭스, 디즈니 플러스, 애플TV 플러스 등 주요 글로벌 SVOD 사업자의 콘텐츠 투자 규모가 국내 SVOD 사업자와 격차가 큰 상황임을 보여주고 있다. 결국 이와 같은 투자 규모의 차이는 SVOD 사업자의 주요 전략 중 하나인 오리지널 콘텐츠 제공 측면에서 국내 사업자가 열위에 있음을 보여준다고 볼 수 있다.

기회적 측면: 콘텐츠 제작 경쟁력과 글로벌 유통 확장 가능성

앞서 살펴본 국내 미디어 플랫폼 산업에는 위기적 요소가 분명히 존재하지만 콘텐츠 부문에서는 기회가 될 수 있는 측면도 찾아볼 수 있다. 국내 콘텐츠 제작 경쟁력은 2023년 상반기에만 전 세계 넷플릭스 비영어 TV 시리즈 1위에 한국 콘텐츠 9편이 기록될 만큼 제작 경쟁력이 있다. 〈더 글로리〉는 2023년 상반기 기준으로 전 세계에서 3번째로 많이 본 넷플릭스 영상으로 나타났으며, 〈피지컬 : 100〉은 전 세계 1위를 기록하는 등 드라마뿐만 아니라 예능 한류로의 장르 확장 가능성을 보여주었다는 평가를 받았다(**그림 2-15** 참조).

방송영상산업 수출액 규모를 보아도 2022년 9억 4805만 달러로 2021년보다 약 32% 성장한 것으로 나타나는 등 성과를 확인할 수 있다(한국콘텐츠진흥원, 2024). 특히, 글로벌 스트리밍 플랫폼을 통한 한류 콘텐츠 유통은 한류 확산을 가져오고 있으며 특히 문화적 할인(cultural discount)이 비교적 낮은 수준인 한류 확산 지역에서 상대적으로 경쟁력이 있다고 볼 수 있다. 이와 같이 해외에서의 현재의 한류 콘텐츠 소비를 통한 경험은 미래의 한류 콘텐츠 소비에도 영향을 줄 수 있다는 점에서

그림 2-15 넷플릭스 시리즈 <더 글로리>와 <피지컬 : 100>

국내 방송·미디어 콘텐츠의 글로벌 유통은 국내 미디어 산업에도 기회로 작용하고 있다[3].

국내 미디어 산업의 콘텐츠 제작 경쟁력은 스트리밍 시대를 맞이하면서 한국 콘텐츠 제작 수요 증가로 이어지고 있다. 특히, 미국 제작시장과

---

3) 호스킨스와 마이러스(Hoskins & Mirus, 1988)는 미국 할리우드 영화가 전 세계 영화산업을 주도하는 이유 중 하나로 미국 이외의 다른 나라에서는 어려서부터 미국 영화에 익숙해져 있고, 미국 영화에 대한 이해도가 높다는 점을 지적한 바 있다. 어려서 오래전부터 축적된 미디어 콘텐츠 소비는 성장한 이후의 미디어 콘텐츠 소비에도 영향을 미칠 수 있다는 측면에서도 해석이 가능하다. 이와 같은 논의는 한류(Korean wave)의 미래 확장 전략과도 관계된다. 즉, 해외에서 계속적인 한류의 성공을 이어가기 위해서는 한류 확산 지역을 중심으로 유아나 청소년기부터 한국의 미디어 콘텐츠 이용 경험이 중요하다는 점을 시사한다(이상원, 2022a).

비교했을 때 국내 미디어 콘텐츠 제작사는 드라마 1회당 콘텐츠 제작비가 미국의 약 8~25% 수준으로 상대적으로 상당히 낮은 반면 제작비용 대비 고품질의 콘텐츠를 생산할 수 있다. 이러한 점에서 한국 콘텐츠에 대한 제작 수요는 단기적으로는 증가할 전망이다. 장기적인 관점에서는 한국 콘텐츠 제작 수요 증가는 제작비용의 상승을 초래할 수 있고 글로벌 플랫폼 입장에서는 한국 콘텐츠 제작의 경제적 이점이 축소될 가능성도 있지만 단기적으로는 한국 콘텐츠 제작이 효율성이 있다고 판단할 수 있기 때문이다.

차세대 미디어 플랫폼 FAST의 성장

북미 중심, 2021년부터 2027년까지 글로벌시장 4배 이상 성장 예상

애플리케이션 또는 셋톱박스를 통해서 실시간 방송과 영상 콘텐츠 등 다양한 채널이 포함된 콘텐츠를 제공하면서 구독료 대신 광고 수입으로 운영하는 플랫폼인 FAST는 최근 '차세대 미디어 플랫폼' 또는 '차세대 케이블' 등으로 불리면서 북미를 중심으로 급속하게 성장하고 있다(이상원·김선미, 2023).

FAST는 **그림 2-16**과 같이 미국 시장에서 2020년 광고 매출 12억 달러에서 2025년 61억 달러(약 8조 3400억 원)로 약 5배 이상 성장할 것으로 예상되고 있으며, 글로벌시장에서는 2021년 광고 매출 약 27억 달러에서 2027년 118억 달러 시장으로 4배 이상 크게 성장할 것으로 예상되

그림 2-16 미국 FAST 시장 광고 매출액 추정(2019~2025)

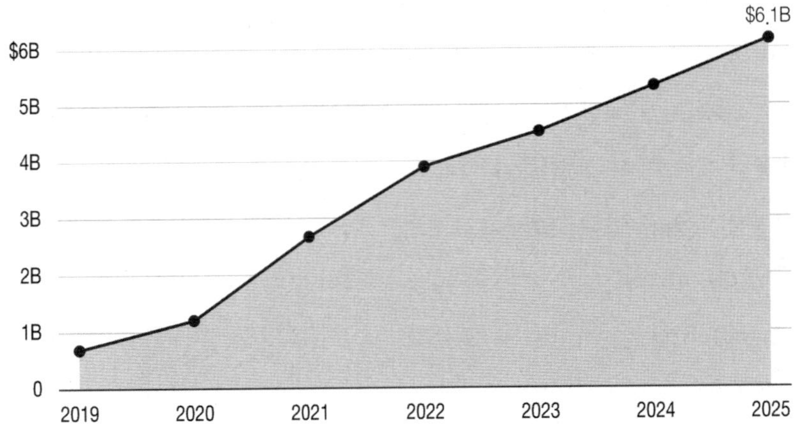

자료: Variety Intelligence Platform(2021)

그림 2-17 글로벌 FAST 시장 광고 매출 추정(2017~2027)

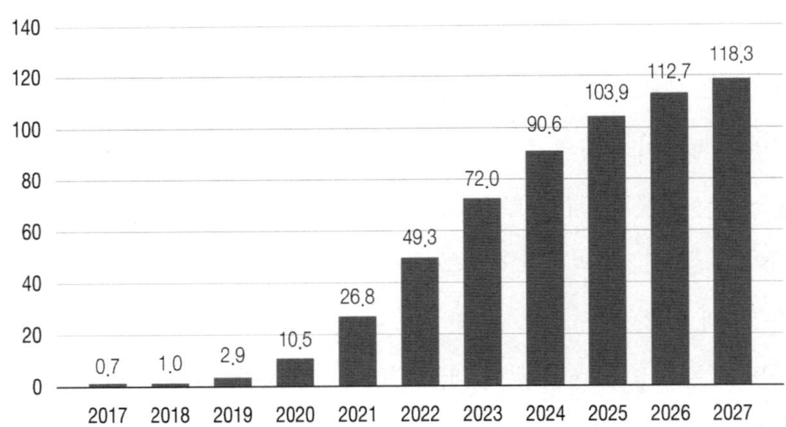

자료: Statista(2023)

그림 2-18 주요 지역 FAST 시장 성장률 추정(2017~2026)

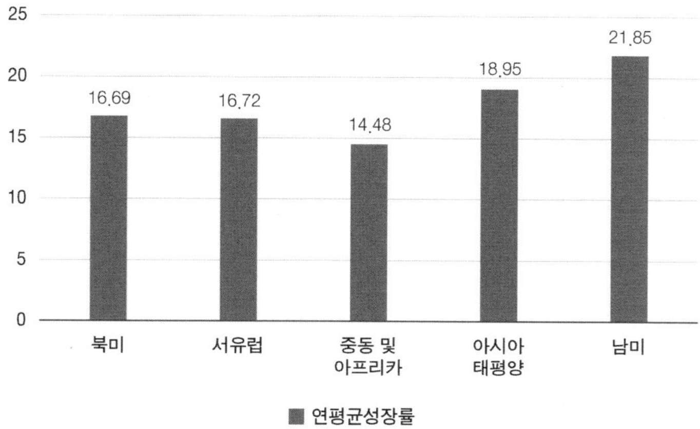

자료: Statista(2023)

고 있다(Statista, 2023; Omdia, 2023)(**그림 2-17** 참조).

글로벌시장에서 FAST 이용자당 평균 매출(ARPU)은 2024년 약 9.01달러로 추정되고 있으며, 2027년 이용자 수는 약 11억 명으로 예상되고 있다(≪시사위크≫, 2024; Statista, 2023). 최근 SVOD 서비스가 콘텐츠 투자비 부담, 구독료 인상, 가입자 시장 정체 현상 등으로 어려움을 겪고 있는 가운데 북미와 유럽 시장에서는 FAST가 매우 빠르게 성장하고 있다(이상원·김선미, 2023).

예를 들어 미국에서는 2014년 1개에 불과하던 FAST 플랫폼이 2022년 22개로 성장하였으며, 2026년까지 북미 및 서유럽뿐만 아니라 아시아·태평양 지역과 남미 지역에서도 급격한 성장이 예상되고 있다(Statista, 2023)(**그림 2-18** 참조). 최근 기존 방송시장 성장이 답보 상태인 점을 고려하면 FAST는 가장 가파르게 성장하고 있는 시장이라고 볼 수 있다.

표 2-1 기존 동영상 OTT 서비스와 FAST의 비교

유형	광고형 (AVOD)	거래형 (TVOD)	가입형 (SVOD)	광고 기반 스트리밍 TV (FAST)
수익모델	광고 수익	개별 영상 콘텐츠 구매	월 정액 요금	광고 수익
제공 방식	온 디맨드 VOD	온 디맨드 VOD	온 디맨드 VOD	린백 실시간 스트리밍
영상 내 광고 유무	있음	없음	광고 요금제인 경우 있음	있음
비용 지출	이용자가 콘텐츠를 제작하는 형태 → 적은 투자로 수익 창출 가능	필요한 콘텐츠만 확보 가능 → 가입형 대비 비용 부담 경감	판권 구매와 오리지널 콘텐츠 제작에 따른 비용 지출이 큰 편	주로 구작 콘텐츠에 대한 비용 지출, 가입형보다는 비용 지출이 적은 편
대표 서비스	유튜브, 틱톡, 페이스북	유료방송 단품 구매, 카카오 페이지	넷플릭스, 디즈니 플러스 티빙, 웨이브	플루토 TV, 로쿠채널, 프리비, 삼성 TV 플러스, LG 채널

기존의 동영상 OTT 서비스와 비교했을 때 FAST는 주 수익모델이 광고 수익이라는 점에서 AVOD 서비스와 유사하지만 제공 방식이 편성표에 따라 시청한다는 점에서 기존 TV와 유사한 린백 실시간 스트리밍이라는 점이 기존 동영상 OTT 서비스와 다른 점이다(Incross, 2023)(**표 2-1** 참조). 또한 기존 SVOD 서비스와 비교했을 때 주로 구작 콘텐츠를 제공하기 때문에 콘텐츠 비용 지출은 상대적으로 적은 편이라고 볼 수 있다.

FAST는 이용자를 많이 확보할수록 더 많은 광고를 유인할 수 있으며, 양질의 콘텐츠가 많이 제공될수록 이용자들의 시청시간이 증가하고 이에 따라 광고 수익이 늘어나는 선순환 구조를 창출할 수 있다는 장점이 있다. 또한 이용자에게 계정을 만드는 번거로움을 주지 않고, 선형 및 주

문형 프로그래밍을 혼합하여 무료로 제공하며 콘텐츠 큐레이션, 중간광고 형식뿐만 아니라 표적화 광고까지 모든 형식의 광고를 할 수 있는 장점도 있는 새로운 '시청자 친화 채널'이라고 볼 수 있다(김정섭, 2024).

최근 FAST 서비스는 미국과 유럽에서 무료 실시간 채널들을 대거 확보하면서 케이블TV와 차이가 적어지고 있으며, 다양한 VOD와 함께 새롭고 차별화된 스트리밍 채널도 무료로 제공하고 있다. 특히 미국의 경우 스트리밍 서비스 확대로 방송 직접수신률이 감소하고 유료방송 이용고객이 줄면서 시청자와의 접점을 다시 구축할 필요가 있는 지역 지상파 방송 사업자나 기존 유료방송 사업자들도 FAST 채널 시장에 진입하고 있다(이상원·김선미, 2023).

주요 FAST 사업자 현황

FAST가 가장 빠르게 성장한 미국 시장에서 대표적인 FAST 플랫폼은 플루토 TV(Pluto TV), 로쿠 채널(The Roku Channel), 투비(Tubi), 프리비(Freevee), 나우 TV(Now TV) 등을 들 수 있다.

플루토 TV는 2014년에 시장에 출시되었으며, 초기에 훌루, 소니 등과 계약을 통해 채널 라인업을 구축하였으며, 250개 이상의 라이브 채널과 다양한 장르의 TV 쇼, 영화, 스포츠, 뉴스 등 다양한 온디맨드 콘텐츠를 결합하여 제공하고 있다(Incross, 2023). 플루토 TV는 2024년 초 월간 활성 이용자(MAU) 약 8000만 명에 도달하였으며(김정섭, 2024). 여러 콘텐츠 기업과의 제휴를 통해 다양한 장르의 콘텐츠를 제공하면서, 2023년에는 호주, 영국, 캐나다 및 유럽 국가 등에 서비스를 확장해 가

그림 2-19 플루토 채널 화면

그림 2-20 로쿠 TV 화면

고 있다(**그림 2-19** 참조).

로쿠 채널(The Roku Channel)은 미국 시장에서 FAST 이용률 1위 사업자로 2020년 이용자 수 5000만 명을 넘어섰고 2023년에는 7500만 명 이상의 이용자를 확보하였다(Incross, 2023; 김정섭, 2024). 로쿠는 스트리밍 기기인 로쿠 플레이어 제조업체로 스트리밍 장치를 판매해 왔고 현재는 FAST 채널을 활용한 광고 수익에 초점을 맞추고 있다. 로쿠는 로쿠 플레이어를 연결하면 스마트 TV 기능을 사용할 수 있음을 내세우면서 기존 케이블 이용자들을 FAST 플랫폼으로 유도하면서 성공을 거둔 것으로 평가되고 있다(Incross, 2023). 로쿠 채널은 다양한 콘텐츠 제공자와 협력을 통해 방대한 미디어 라이브러리를 확보하고 있고, 영화, TV 쇼, 다큐멘터리 등 다양한 장르의 콘텐츠를 제공하고 있으며, 최근에는 자체 제작 오리지널 콘텐츠에도 투자를 확대하고 있다(**표 2-2** 및 **그림 2-20** 참조).

투비(Tubi)는 2014년에 서비스를 시작하였으며 2020년에 폭스(Fox)는 투비를 약 4억 4000만 달러에 인수하였다(김정섭, 2024). 투비는 스마트폰, 태블릿, 데스크탑 컴퓨터, 스마트 TV, 게임 콘솔 등 다양한 플랫폼을 통해 콘텐츠를 제공하고 있으며, 2023년에 7000만 명 이상의 이용자 수를 확보한 것으로 알려져 있다.

프리비(Freevee)는 아마존에서 운영하는 FAST 서비스로 이전에는 IMDb TV라는 이름으로 알려져 있었으나, 이름이 변경되었다. 프리비는 아마존 계정을 통해 서비스하고, 오리지널 시리즈, 영화, TV 쇼 등 다양한 콘텐츠를 제공하고 있다. 프리비는 특히 최근에 오리지널 콘텐츠 제작에도 투자를 하고 있다. 프리비 앱은 스마트 TV, 모바일 기기, 웹 등

표 2-2 주요 FAST 서비스의 특징과 현황

FAST 서비스	소유 기업	진영 분류	채널 및 콘텐츠	특징과 현황
플루토 TV (Pluto TV)	Paramount	미디어 기업	250+ 채널	- 라이브 방송과 온디맨드 콘텐츠 결합 - 전략적 제휴를 통한 다양한 장르 제공 - 월간 활성 이용자 8,000만 명 도달
로쿠 채널 (The Roku Channel)	Roku	CTV	350+ 채널	- 미국 FAST 이용자 수 1위 - 로쿠의 스트리밍 디바이스와 직접적인 통합 제공 - 오리지널 콘텐츠 투자
투비 (Tubi)	Fox	미디어 기업	50,000개+ 콘텐츠	- Fox 2020년 투비 인수 - 2023년 상반기 스트리밍 40억 시간 돌파 - 구글 TV와 제휴
프리비 (Freevee)	Amazon	CTV	330+ 채널	- 아마존 파이어 TV, 모바일 기기, 스마트 TV 등 다양한 플랫폼을 통해 접근 가능 - 오리지널 콘텐츠 투자 - 글로벌 서비스 확장 전략
나우 TV (Now TV)	Comcast	케이블 TV	40개+채널	- 2023년 FAST 시장 진출 - FAST, 인터넷, 유료방송 결합상품 제공
삼성 TV 플러스 (Samsung TV Plus)	삼성전자	CTV	220개 채널(미국) 2,500개 채널(24개국) 300개+ 채널(국내) 1,000개 영화(국내)	- 다양한 카테고리의 콘텐츠를 제공 - 2023년 글로벌 이용자 3,500만 명 - 2023년 국내 FAST 사업자 중 최초로 지상파 3사 콘텐츠를 공급받아 채널에서 제공 중
LG 채널 (LG Channels)	LG전자	CTV	150개 채널(미국) 3,600개 채널(30개국) 140개 채널(국내)	- 2023년 국내 FAST 사업자 중 최초로 영화 VOD 제공 시작 - 뉴아이디, YG 엔터테인먼트 등 콘텐츠 기업과 제휴 - 콘텐츠 수급, 채널 시스템 혁신 등에 2023년부터 향후 5년간 1조원 투자계획

자료: Incross (2023), 김정섭 (2024) 및 보도자료를 재구성

그림 2-21 컴캐스트 나우 TV 결합상품

다양한 플랫폼을 통해 이용할 수 있다.

나우 TV(Now TV)는 미국 케이블 TV 1위 사업자인 컴캐스트(Comcast)의 자회사인 엑스피니티 TV(Xfinity TV)의 FAST 서비스이다. 나우 TV는 약 20달러의 이용료로 20개 이상의 FAST 채널, 피콕(Peacock) OTT 서비스, 40개 이상 채널의 유료방송 결합상품을 제공하고 있다. 이와 같은 나우 TV 저가 결합상품은 기존 결합상품과는 달리 약정이 없다는 점에서 차별화된 상품이라고 볼 수 있다.

이와 같이 최근 미국 시장에서는 SVOD 서비스를 제공하고 있는 컴캐스트, 아마존과 같은 기업들은 FAST 서비스를 병행하여 제공하고 있다. 이런 추세와 함께 최근 구글은 유튜브를 통해 FAST 시장에 진출하였으며, 기존의 유료 유튜브 TV와 함께 유·무료 OTT 서비스를 제공하고 있다(이상원·김선미, 2023). 이와 같은 추세에 따라 최근 미국 지역 지상파방

그림 2-22 삼성 TV 플러스 화면

송 사업자들도 지역뉴스를 앞세워 FAST 채널 시장 진출을 계획 중인 것으로 알려져 있다.

국내에서 삼성전자는 2105년 삼성 TV 플러스를 출시하면서 FAST 사업을 시작했다. 글로벌 TV 판매 1위 제조사이라는 강점을 살려서 해외로 진출하고 있으며, TV에 인터넷을 연결하면 드라마, 예능, 뉴스, 키즈 등 다양한 카테고리의 콘텐츠를 무료로 즐길 수 있는 채널형 비디오 서비스를 제공하고 있다. 삼성 TV 플러스는 2023년 글로벌 이용자 3500만 명을 확보하였으며, 24개국에서 2500개 이상의 채널을 제공하고 있다. 삼성 TV 플러스는 2023년 국내 FAST 사업자 중 최초로 지상파 3사 콘텐츠를 공급받아 채널에서 제공 중이며, 국내에서는 300개 이상의 채널과 1000개 이상의 영화 콘텐츠를 제공하고 있다.

LG 채널은 2015년에 FAST 플랫폼을 출시하였으며, 단 한 번의 설치 및 가입으로 별도 조작 없이 언제나 채널 시청이 가능하다. LG 채널은

그림 2-23 LG 채널 화면

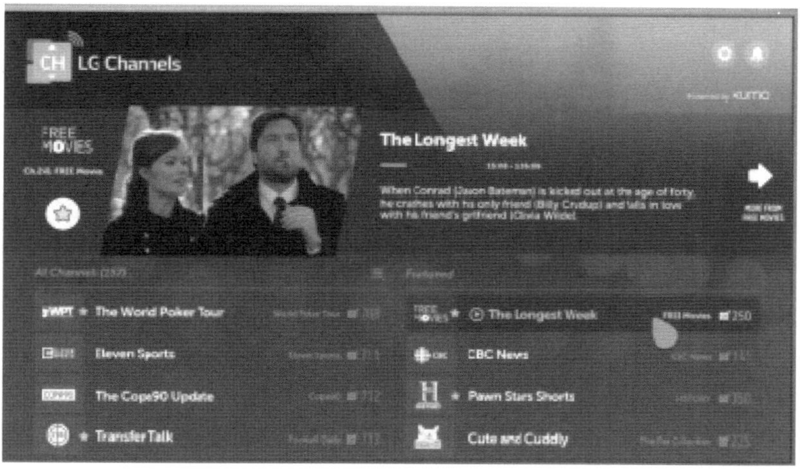

쉽게 원하는 방송을 골라 보고 나만의 채널 목록 구성이 가능하고, 30개국에서 3600개 이상의 채널을 제공하고 있으며, 국내에서는 140개 이상의 채널이 제공되고 있다.

LG 채널은 글로벌시장에서 스포츠 콘텐츠에 대한 선호도가 높은 국가를 중심으로 글로벌 LG 스마트 TV 소유자를 위한 스포츠 콘텐츠 중심으로 서비스를 강화하고 있으며, 국내시장에서는 2023년에 국내 FAST 사업자 중 최초로 영화 VOD 제공을 시작한 바 있다. 최근에는 뉴아이디, YG 엔터테인먼트 등 콘텐츠 관련 기업과 제휴를 맺고 있으며, 콘텐츠 수급, 채널 시스템 혁신 등에 2023년부터 향후 5년간 1조 원 투자계획을 발표한 바 있다.

이와 함께, 국내 FAST 서비스 사업자 뉴아이디(NEW ID)는 콘텐츠와 플랫폼을 연결하는 기술로 아시아 기업 최초로 FAST 시장에 진출하면서

그림 2-24 국제 FAST 채널 운영사 채널 수(미국)

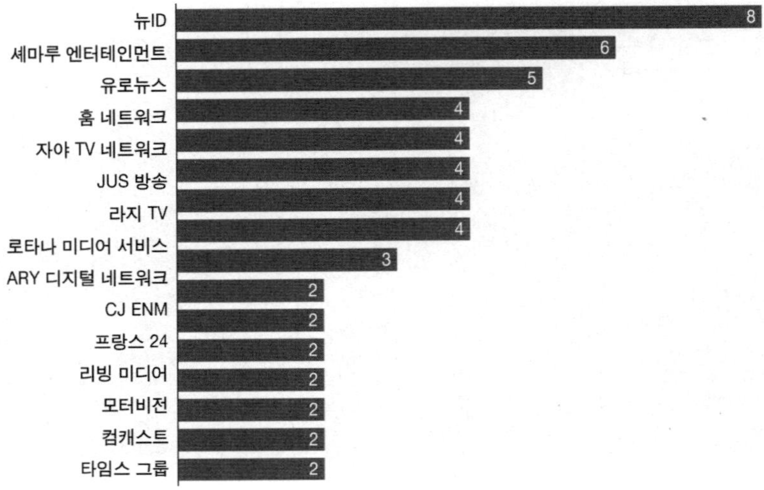

자료: Variety Intelligence Platform(2023)

글로벌 유통망을 확장하고 있다. 콘텐츠 미디어그룹 NEW의 사내벤처 뉴아이디는 장르별 채널인 뉴 케이무비스, 뉴 케이팝, 뉴 케이푸드 채널, 더핑크퐁컴퍼니, YG엔터테인먼트, 라쿠텐비키 등과 함께 미국 주요 플랫폼에서 8개 이상의 FAST 채널을 운영하고 있다(≪비즈엔터≫, 2023).

뉴아이디는 AI 기반 콘텐츠 후반작업, 콘텐츠 매니지먼트 시스템(CMS) 등 K-콘텐츠의 글로벌 유통을 돕는 기술 솔루션을 제공하고 있으며, 아시아 최대 규모의 FAST 서비스 기업으로서, 전 세계 30여 주요 FAST 플랫폼에서 음악, 영화, 드라마, 뉴스, 스포츠, 예능 등 200여 개 이상의 채널을 운영하고 있다(≪비즈엔터≫, 2023).

최근 뉴아이디가 미국 내에서 영어와 스페인어를 제외한 가장 많은 수의 국제 FAST 채널을 운영하는 회사로 꼽히기도 했다(Variety Intelligence Platform, 2023)(**그림 2-24** 참조).

최근 국내시장에서 JTBC는 삼성전자와 전략적 제휴를 맺고 2023년 3월부터 국내에서 삼성 TV 플러스에 JTBC 뉴스 등 주요 채널을 순차적으로 공개하면서 국내 FAST 시장에 진출한 바 있다(조재용, 2023).

FAST 서비스는 기존 SVOD 서비스 및 유료방송 서비스의 대체재인가?

FAST 플랫폼은 국내 미디어 플랫폼 시장에서 현재 시장 도입 초기 단계라고 볼 수 있지만, 다중 OTT 플랫폼 이용자 수가 증가하고 기존 OTT 시장 성장이 포화 상태에 가까워질수록 스트리밍 시장에서 주목을 받을 가능성이 높다. FAST 서비스는 광고 기반 비즈니스 모델이기 때문에 무료로 많은 채널과 콘텐츠를 즐길 수 있고, 다중 OTT 플랫폼 이용의 피로감과 구독료 인상 등 비용 상승이 이용자에게 부담이 되면 FAST 플랫폼이 주목받을 가능성이 높아 보인다(이상원·김선미, 2023). 특히 2022년 이후 인플레이션 등 글로벌 경제 리스크 요인이 작용하면서 SVOD 서비스의 가격이 상승하고 있는 시장 상황에서 FAST 성장이 예상보다 빨라질 가능성도 배제할 수 없다.

이와 같은 상황에서 미디어 산업적 관점에서 고려해야 할 필요가 있는 연구 주제는 FAST 서비스가 기존 SVOD 서비스 및 유료방송 서비스와의 대체적 관계인가 또는 보완적 관계인가에 관한 것이다. 이와 같은 연구 주제는 그동안 미디어경제학 분야에서 비교적 오랫동안 다루어져 온 전통적인 주제 중 하나라고 볼 수 있다. 새로운 미디어가 출현하여 이용되기 시작할 때 미디어 학자들은 새로운 미디어와 기존 미디어가 유사한 기능을 가짐으로 인해 서로 대체적인 관계인지 또는 상호 보완적인 관계인지를 고찰해 왔다(이상원, 2022a).

이론적인 관점에서 맥콤스(McCombs, 1972)는 미디어 사용에 있어서 한정된 자원에 대해 초점을 맞추면서, 특정 매체를 사용하는 것이 시간, 돈, 그리고 에너지 등을 비롯한 여러 형태의 자원의 사용을 의미한다고 보고, 특히 다른 자원과 달리, 시간의 경우, 개별 매체에 대한 분할만이 가능하고 여러 매체에 대한 공유는 쉽지 않기 때문에, 특정 매체의 선택은 다른 매체의 비수용으로 이어질 수 있다고 주장하였다. 맥콤스의 주장과 같은 '대체이론(displacement theory)'에 따르면, 한정된 자원으로 인해, 특정 미디어에 대한 '선택과 집중' 그리고 다른 미디어의 '배제'가 이루어질 가능성이 있다고 볼 수 있을 것이다(조재희, 2014).

반면 '보완이론(complementarity theory)'적 관점에서는 미디어 이용의 가장 근본적인 목적은 필요한 정보의 추구와 획득이며, 미디어의 선택 및 수용을 연구하기 위해서는 특정 미디어를 통해 획득된 정보의 성격과 그에 대한 이용자의 태도를 이해해야 한다는 것을 강조한다(Dutta-Bergman, 2004). 보완이론적 관점에서는 하나의 미디어가 제공하는 정보의 성격이 또 다른 미디어가 제공하는 그것과 상이할 경우, 이용자는 두 가지 미디어 중 하나를 선택하기보다는 오히려 두 미디어 모두 사용하는 경향을 보인다고 주장한다(Dutta-Bergman, 2004). 이와 같은 미디어학 분야에서의 대체이론과 보완이론에 관한 논의는 기존 경제학적 관점에서 접근하면 '대체재(substitute good)'와 '보완재(complement good)'에 대한 논의와 유사하다고 볼 수 있다.

이와 같은 이론적인 논의와 함께 FAST와 SVOD 및 유료방송 서비스의 관계를 실제 데이터를 통해 대체재 및 보완재적 관점에서 분석한 결과는 어떨까? 최근 이상원·김선미(2023)의 글로벌시장 패널데이터 실증분석은 FAST 초기 서비스와 기존 SVOD 서비스 및 유료방송 서비스와의 관계를 보여준다. 이상원·김선미(2023)의 연구에서는 이용한 국가별 패널데이터 분석은 2017년부터 2021년까지 50개국의 FAST, SVOD 및 방송산업 매출액 관련 패널데이터를 분석함으로서 SVOD의 시장 성장과 FAST 서비스의 시장 성과가 긍정적인 관계가 있음을 발견하였다. 또한 이상원·김선미(2023)의 실증연구에서는 유료방송 서비스의 매출 성장이 느리거나 매출액이 감소하고 있는 나라들에서 FAST 서비스와 AVOD 서비스가 성장하고 있음을 발견하였다. 이와 같은 FAST 시장 초기의 연구 결과는 FAST 초기 시장에서 SVOD 서비스와 FAST 서비스가 서로 보완재에 가깝다는 것을 보여주며, 이미 유료방송 서비스의 성장이 포화 상태에 이른 나라들의 경우 OTT 시장 확대와 함께 FAST나 AVOD와 같은 광고형 OTT 서비스가 빠르게 성장하고 있으며, 향후 미디어 시장에서 FAST와 AVOD 서비스는 기존의 유료방송 서비스와 대체관계가 형성될 가능성이 있음을 시사한다(이상원·김선미, 2023)[4].

즉, 기존의 적소이론(niche theory)에서 제시하듯이 미디어가 경쟁을 통해 얻고자 하는 자원들은 획득된 충족(gratifications obtained), 충족

4) 물론 이와 같은 연구 결과는 FAST 시장 초기의 연구 결과로 볼 수 있으며, 향후 FAST 서비스의 진화와 발전 및 시장 상황 변화에 따라 이와 같은 FAST와 SVOD 서비스의 관계 등은 변화할 수 있을 것으로 보인다.

기회(gratification opportunities), 이용자 지출, 미디어 이용 시간, 미디어 콘텐츠, 광고비 등을 포함한다(Dimmick & Rothenbuhler, 1984). 특히 미디어 이용 시간의 경우, 맥콤스(McCombs, 1972)가 제시하였듯이 개별 매체에 대한 분할만이 가능하고 여러 매체에 대한 공유는 쉽지 않기 때문에, 향후 광고형 또는 가입형 OTT 미디어의 선택은 기존 유료방송 서비스에 대한 비수용 또는 이용 감소로 연결될 수 있을 것이며, 유료방송 서비스에 대한 이용 시간 감소는 향후 가입자 감소나 광고를 통한 매출 감소로도 연결될 가능성도 있어 보인다(이상원·김선미, 2023).

최근 FAST 서비스의 성장 요인과 활성화의 조건은?

앞서 살펴본 다양한 FAST 서비스가 시장에서 성장하는 근본적인 요인은 어떤 것을 들 수 있을까? 가장 중요한 요인 중 하나는 FAST가 광고를 기반으로 하는 '무료 서비스'라는 것을 들 수 있다. 스태티스타(Statista, 2022)가 미국 FAST 이용자를 대상으로 실시한 조사에서는 FAST를 사용하는 가장 큰 이유 세 가지는 ① 무료 채널 제공(18.4%), ② 원하는 콘텐츠 제공(15%), ③ 시간 보내기(pass time)(13.2%)로 나타났다.

이와 같은 조사 결과는 2020년 이후 시장에서 다양한 SVOD 사업자 간 경쟁이 치열해지면서 다중 SVOD 가입자가 증가하면서, SVOD 구독 비용이 이용자 입장에서 증가했을 뿐만 아니라 각 SVOD 사업자들의 오리지널 콘텐츠 경쟁으로 인해 콘텐츠 투자비용이 커지면서 **그림 2-25**과 같이 각 SVOD 플랫폼 서비스의 구독료가 상승한 것과 관련성이 높아 보인다. 특히 2023년 이후에는 광고 없이 제공되는 10달러 이하의 순수

그림 2-25 미국 주요 SVOD 사업자들의 가입비 상승 추이

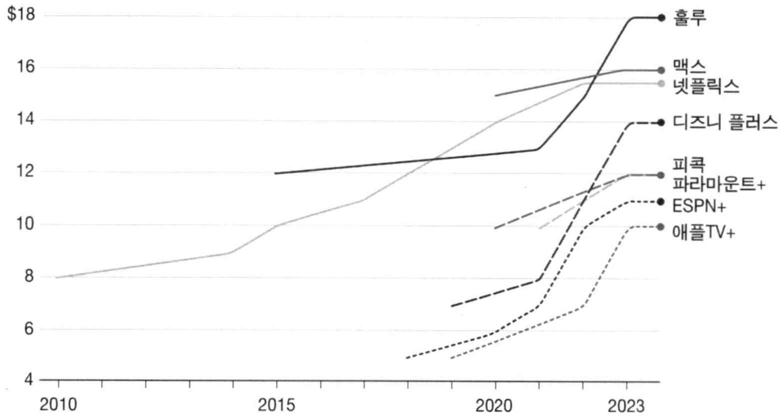

자료: Fortune (2023)

SVOD 서비스는 더 이상 미국 시장에서 존재하지 않게 되었다. 이와 함께 2022년 이후에는 인플레이션 상승 등 글로벌 경제 리스크 요인이 이와 같은 SVOD 서비스 가격 상승에 영향을 주고 있는 것으로 보인다. 또한 SVOD 시장이 포화 상태에 이르게 되면서 기존 고객을 유지하고 새로운 고객을 유치하기 위한 마케팅 비용 증가도 가격 상승에 영향을 주었을 것으로 보인다.

결국 이와 같이 SVOD 시장의 경쟁 심화와 이로 인한 다중 스트리밍 플랫폼 이용자 증가, 콘텐츠 투자비용 증가, 인플레이션 등은 가격 상승과 이용자 피로도 증가로도 연결되고 있으며, 이에 따라 스트리밍 환경에 익숙한 일부 이용자들은 SVOD 사용 외에도 무료 광고 기반 서비스인 FAST에 주목하고 이용률이 높아지고 있다고 볼 수 있다.

또 하나의 FAST 성장의 동인 중 하나는 스마트 TV의 전 세계 확산이

그림 2-26 지역별 스마트 TV 가구 보급률(%) 추정(2011~2026)

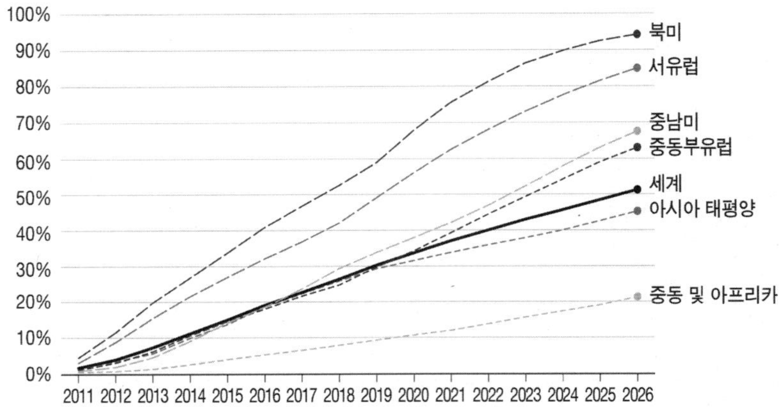

자료: Strategy Analytics(2021)

다. 스마트 TV 전 세계 가구 보급률은 2026년 50%를 넘길 것으로 예상되고 있으며, 2025년에 북미 90%, 서유럽 80%, 아시아·태평양 60% 이상으로 확산될 것으로 예상되고 있다. 이와 같은 스마트 TV의 확산은 FAST 플랫폼의 인프라로서 확산의 주요 요소라고 볼 수 있으며, 특히 큰 화면으로 다양한 스트리밍 콘텐츠를 볼 수 있는 환경적 여건이 갖추어진다는 측면에서 FAST 확산에 중요한 요소라고 판단된다.

그렇다면 '차세대 미디어 플랫폼'으로 불리는 FAST 서비스가 현재보다 더 시장에서 활성화되려면 어떤 요소들이 중요할까? 현재 역시 가장 중요한 요소 중 하나는 FAST 서비스의 콘텐츠 경쟁력이라고 볼 수 있다. 플랫폼 기술이 변화하고 비즈니스 모델이 바뀌어도 기본적으로 최종 이용자가 원하는 것은 콘텐츠 상품이기 때문이다. 이와 같은 이유 때문에 로쿠 채널과 같은 FAST 플랫폼 기업들이 오리지널 콘텐츠에 투자하거나 스포츠 채널을 강화하는 것으로 볼 수 있다. 따라서 FAST 사업자 입장에서 경쟁력 있는 콘텐츠 확보를 위한 다양한 전략적 제휴가 매우 중요하며 특히 해외시장에 진출하는 경우 현지 콘텐츠 기업과의 제휴를 통한 현지화 전략은 성공의 중요한 요소가 될 수 있을 것으로 보인다.

이와 함께 글로벌시장에서 FAST가 활성화될 수 있는 여건 중 하나는 광고시장의 활성화 정도이다. FAST는 기본적으로 광고 기반 비즈니스 모델이기 때문에 광고시장 규모가 크고 광고 단가가 비교적 높은 수준인 나라에서 활성화될 가능성이 크다고 판단된다. 예를 들어 FAST가 빠르게 성장한 미국과 서유럽의 경우 광고시장이 규모가 크고 활성화된 지역이라고 볼 수 있다. 이와 같은 이유로 FAST 서비스에 대한 시청자의 관심도가 높은 경우에도 광고시장이 활성화되어 있지 않은 나라인 경우에는 FAST 사업자가 지속적인 경쟁력을 유지하기 어려울 수도 있다.

이와 같은 요소들과 함께 플랫폼상에서의 사용자 경험(user experience)도 중요한 요소가 될 수 있을 것으로 보인다. 예를 들어 AI와 빅데이터 기술을 활용한 맞춤형 채널 또는 맞춤형 콘텐츠 제공 및 맞춤형 광고 제공 등은 이와 같은 사용자 경험에 영향을 줄 수 있는 요소라고 볼 수 있다.

AI와 미디어 플랫폼 산업의 변화

디지털 전환 확산과 함께 AI 기술의 급속한 발전은 각 산업에 다양한 영향을 미치고 있다. AI가 글로벌 경제에 미치는 잠재적 영향은 약

그림 2-27 생성형 AI 관련 미디어 시장의 성장(2022~2032)

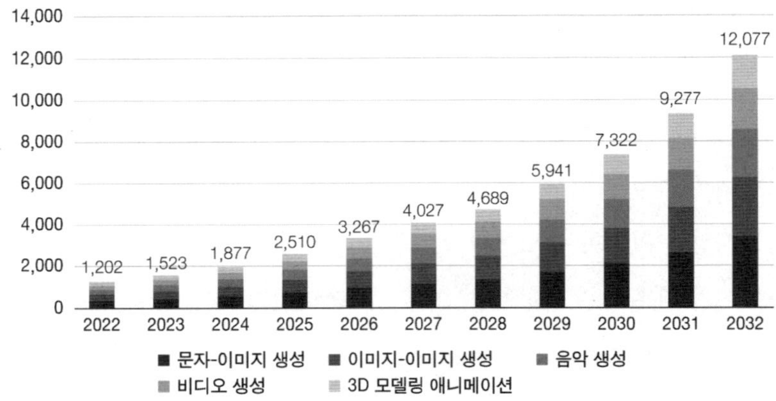

자료: Market Research(2023)

17.1~25.6조 달러로 평가되고 있고, 특히 생성형 AI 기술은 연간 최대 4조 4000억 달러 이상의 가치를 생산할 것으로 전망되고 있다(대신증권, 2023). 생성형 AI와 관련된 미디어 시장은 2022년부터 2032년까지 약 연평균 26.7% 성장할 것으로 추정되고 있다(Market Research, 2023)(**그림 2-27** 참조).

생성형 AI 기술은 텍스트, 이미지, 오디오 및 영상을 생산하고 있을 뿐만 아니라 다양한 미디어 산업 관련 분야에서 지금까지 인간들이 해오던 업무를 대신하고 자동화할 것으로 예측되고 있다. 예를 들어 오픈AI의 챗GPT, 구글의 바드(Bard)와 같은 언어 모델들은 다양한 텍스트를 생성할 수 있고, 스테이블 디퓨전(stable diffusion), 미드저니(Midjourney) 등 이미지 생성 AI는 단순한 텍스트 입력만으로도 전문적인 이미지를 만들어 주고, 특히 최근 런웨이 Gen-2, Sora AI 등의 등장은 생성형 AI에 의

표 2-3 AI 기술의 미디어 콘텐츠·플랫폼 산업 적용

적용 영역	세부 적용 영역	적용 사례	특징
콘텐츠 기획	- AI 시나리오 분석 - AI 촬영 기법/출연자 등 추천 - AI 스토리 창작	- 스크립트북(Scriptbook)의 영화 시나리오 분석 - 시네리틱(Cynelytic)의 영화 프로젝트 관리 솔루션 - AI 스토리 창작 도구(Deepstory)	- 영화 흥행 예측 AI 서비스 - 작품 기획 단계 데이터 기반 흥행 예측 - 투자 위험 감소 - 인공지능을 활용하여 스크립트나 이야기를 생성
콘텐츠 제작	- 이미지/음악/영상 생성 - AI의 VFX 영역 적용 - AI 배우/AI 음성	- 이미지 생성-플레이그라운드(Playground) AI - 음악 생성 서비스(Soundraw) - 영상 생성 서비스-런웨이 Gen-2, Sora AI - MARZ의 vanity AI 툴	- 기존 이미지 리믹스, 새로운 이미지 창출 - 최대 1분의 고화질 동영상 생성(Sora AI) - 콘텐츠 제작과정 AI VFX 적용
콘텐츠 유통	- 개인 맞춤형 콘텐츠 - 개인 맞춤형 채널 - AI DJ - 광고/홍보영상 자동 생성	- Neflix의 개인화 콘텐츠 추천 서비스 - Zone TV의 개인 맞춤형 채널 서비스 - Spotify의 AI DJ - 브이캣(VCAT)의 AI 기반 광고 영상 자동 제작 서비스	- 고도화된 맞춤형 콘텐츠 추천으로 가치 창출 - AI 및 메타데이터를 이용하여 시청 데이터 기반 선호 맞춤형 채널 편성(향후 FAST와 연계) - AI 기반 광고 영상 자동 제작 서비스를 통해 광고의 자동화로 편의성 제공
콘텐츠 소비	- AI 제작 및 추천 콘텐츠 이용	- OTT 개인화 콘텐츠 추천 서비스 이용 - AI 기반 개인화 채널 이용	- 추천 서비스 소비 증가 - 콘텐츠 편식 - 알고리즘 경쟁력에 의한 이용자 만족도 변화

한 영상산업 변화를 예고하고 있다. 특히 '텍스트-비디오 변환 AI 시장(Text-to-Video AI market)' 규모는 2032년에 약 24억 달러 이상의 시장으로 성장할 것으로 예측되고 있다(market.us, 2023).

이와 같은 AI 확산과 적용이 가져오고 있는 변화를 콘텐츠 기획, 제작, 유통 및 소비로 나누어 보면 **표 2-3**과 같다.

AI와 콘텐츠 기획

먼저 콘텐츠 기획 단계에서 AI 기술이 적용되고 있는 영역은 영화 흥행 예측 AI 서비스를 들 수 있다. 스크립트북(Scriptbook)이나 시네리틱(Cynelytic)의 AI 기술 솔류션은 AI를 활용하여 작품 기획 단계부터 다량의 데이터에 기반하여 영화 흥행을 비교적 정확하게 예측해 주고 있다(한국방송통신전파진흥원, 2021). 이와 같은 영화 흥행 예측은 영화에 대한 투자 위험을 감소시켜 주고 흥행에 성공할 가능성이 높은 방향으로 기획에 변화를 주는 방향을 제시할 수도 있다.

BBC의 AI 기반의 자동화시스템 Ed는 넓은 공간을 촬영할 수 있는 고해상도 카메라로 현장을 담고, 실제 촬영 장면에서 가상의(virtual) 장면을 추출하기도 하며, 야외 촬영뿐만 아니라 토크쇼나 코미디쇼 등 내부 촬영장에서도 스스로 앵글과 구도, 샷의 크기 및 방향 등을 결정하는 등 촬영기법을 추천한다(한국전파진흥협회, 2023).

이와 함께 AI는 스토리 창작에도 이용되고 있다. AI 스토리 창작 도구 딥스토리(DeepStory)는 AI를 활용하여 스크립트나 이야기를 생성하는 서비스로 인간과 AI의 협력을 통해 AI 주도의 스크립트와 스토리의 장르, 길이, 줄거리, 캐릭터, 톤을 결정할 수 있다(한국전파진흥협회, 2023).

AI와 콘텐츠 제작

콘텐츠 제작 단계에서도 AI 기술은 매우 활발하게 적용되고 있다. 예를 들어 플레이그라운드(Playground) AI의 경우 생성형 AI를 통해 이미지를 만들 수 있다. 플레이그라운드 AI 서비스 사용자는 기존 이미지를 리믹스하거나 다양한 프롬프트 및 이미지 대 이미지 기능을 사용하여 새로운 이미지를 만들 수 있다(양지훈·윤상혁, 2023).

이와 함께 AI는 최근 음악 생성 서비스에도 이용되고 있다. 음악 생성 서비스의 대표적인 예는 사운드로우(Soundraw)라고 볼 수 있다. 사운드로우 서비스 사용자는 음악의 분위기, 장르 및 길이를 선택하여 AI가 음악을 생성하도록 지시할 수 있고, 인트로를 짧게 만들거나 후렴구 위치를 변경하는 등 자유롭게 음악을 생성할 수 있다(양지훈·윤상혁, 2023). 이와 같이 음악 생성 서비스를 이용하여 크리에이터들은 유튜브 등 소셜미디어 비디오, TV 및 라디오 광고, 팟캐스트 등을 포함한 다양한 콘텐츠에서 음악을 사용할 수 있다(방송통신기술산업 인적개발위원회, 2023).

생성형 AI가 미디어 산업에 적용되는 사례 중 가장 주목 받는 영역은 동영상 생성 분야일 것 같다. 동영상 생성 AI 서비스는 실제 이미지나 비디오가 없어도 생성형 AI를 사용하여 텍스트 프롬프트만으로 영상을 만들 수 있게 하는 서비스이다. 대표적인 동영상 생성 서비스 중 하나는 소프트웨어 개발 업체 런웨이의 Gen-2라고 볼 수 있다. 동영상 생성 서비스는 사용자가 원하는 장면을 설명하는 텍스트 프롬프트를 입력하면 AI

그림 2-28 OpenAI의 Sora AI 공개 영상

자료: OpenAI(2024) https://www.youtube.com/watch?v=GJ-ZBao3D3A

도구가 이미지를 생성해 주고 있으며, 런웨이는 텍스트 기반 이미지 생성뿐만 아니라 영상에서 특정 개체를 제거하는 인페인팅(Inpainting) 기능, 트랜스크립트 및 자막 등의 AI 도구를 포함하고 있다.

이와 함께 2024년 2월 오픈 AI는 소라 AI(Sora AI) 서비스를 공개했다. 소라 AI는 이전의 동영상 생성 AI 서비스와 비교해 사용자의 명령을 더 잘 이해할 수 있었고, 프롬프트가 길면 길수록, 이를 캡션으로 변환하고 그것을 동영상 모델에 적용하는 데도 기존 서비스보다 우수함을 보여주었다고 평가되고 있다. 이와 함께 소라 AI 서비스는 마치 사람이 만든 것처럼 매끄럽고 자연스러운 모습의 영상을 구현해 많은 주목을 받았고, 기존 동영상 AI 서비스들이 불과 몇 초의 동영상을 만들어낼 수 있는 것과는 달리 소라 AI 서비스는 최대 1분의 매우 사실적이면서도 고화질의

동영상을 생성할 수 있다(**그림 2-28** 참조).

이와 같은 소라 AI의 성장을 고려하면, 향후 멀티모덜 인공지능 기술의 고도화와 다양한 데이터 세트 학습을 기반으로 문장으로 명령어만 입력하면 빠른 시간 내에 매우 정교한 동영상을 만들어 내는 기술이 보편화될 가능성이 점점 커지고 있다.

또한 최근 AI는 시각효과(visual effect: VFX) 영역에도 적극적으로 이용되고 있다. 최근 VFX 전문기업 몬스터 에일리언 로봇 좀비(Monsters Aliens Robots Zombies: MARZ)는 최근 넷플릭스 오리지널 드라마 〈웬즈데이(Wednesday)〉의 등장인물들을 AI 기술로 재창조했으며, 콘텐츠 제작 전 과정에 AI VFX를 적용한 '배니티 AI 툴(Vanity AI tool)'도 개발한 바 있다(한정훈, 2023). 이와 함께 2021년 8월 런던의 신생기업인 소난틱(Sonantic)은 인후암으로 목소리를 잃은 유명 배우 발 킬머(Val Kilmer)와 협력해 배우를 위한 AI 기반 음성을 만들었고, 영화 〈탑건 매버릭〉에서 사용된 사례도 있다(≪AI타임스≫, 2022.6.2).

AI와 콘텐츠 유통

AI 기술은 SVOD, 유료방송 플랫폼, FAST 등 콘텐츠 유통을 위한 미디어 플랫폼에도 활발하게 적용되고 있다. 예들 들어 미국의 Zone TV는 'AI 개인 맞춤형 채널(personalized channels) 서비스'를 제공하고 있다. AI 개인 맞춤형 채널 서비스는 AI 기술 및 다량의 메타데이터를 이용하는 기술로써 시청데이터 기반 선호 콘텐츠 및 맞춤형 채널 편성 서비스 제공을 통해 부가가치를 창출하며, Zone TV의 경우 각 채널에 대한

그림 2-29 미국 Zone TV의 AI 개인 맞춤형 채널(personalized channels)

자료: Zone TV 홈페이지(2024)

모든 시청자 선호는 분석되어 '마이존(my·zone)' 채널에 반영된다(이상원, 2023c). 가정에서 Zone TV 시청을 위해 새로운 장치는 필요하지 않으며 기존 TV 리모콘과 셋탑박스를 이용해 서비스 된다. Zone TV의 서비스는 클라우드 기반이다.

Zone TV는 마이크로소프트(Microsoft) 및 우얄라(Ooyala)와 제휴 중이며, 초기에는 AI를 활용한 개인 맞춤형 채널을 제휴가 있는 AT&T, 컴케스트, 다이렉트TV(DirectTV) 등 유료방송 사업자(MVPD)를 통해 제공하였고, 최근에는 AI를 활용한 개인 맞춤형 채널을 기반으로 FAST 2.0 전략을 추구하면서 아마존의 파이어 TV(Fire TV), 로쿠 채널 등 FAST 사업자와 전략적 제휴를 맺고 있다(이상원, 2023c). 즉, Zone TV는 AI를 기반으로 FAST나 유료방송 플랫폼 사업자에게 맞춤형 스트리밍 채널을 유통해 주는 사업자라고 볼 수 있다. AI 개인 맞춤형 채널은 향후 AI와 빅데이터를 통한 고도화된 맞춤형 채널 및 맞춤형 광고 제공과 연계될 가능성이 있다는 점에서 주목할 필요가 있다고 판단된다(한국전파진흥협회, 2023).

이와 함께 콘텐츠 유통 분야에서 AI 기술이 최근 가장 많이 적용되고 있는 분야는 '개인화 콘텐츠 추천 서비스'라고 볼 수 있다. 넷플릭스와 같은 SVOD 사업자와 유튜브와 같은 AVOD 사업자 등 기존의 OTT 사업자들의 개인화 콘텐츠 추천 서비스가 가장 좋은 예라고 볼 수 있다. 넷플릭스는 '시네매치(Cinematch)'라는 자체 개발 알고리즘을 통해 고객의 취향에 맞는 영화를 추천해 줌으로써 비용 절감 및 고객 만족도를 개선하고 있으며, 넷플릭스의 개인화 추천시스템 만족도는 약 80%에 가까운 것으로 알려져 있다. 넷플릭스는 가입자의 시청 기록 및 선호 콘텐츠 장르 등을 2000여 개로 유형화하여 이를 기반으로 콘텐츠를 추천하고 있다(한국전파진흥협회, 2023). 유튜브의 경우 개인화 추천 시스템 구조는 '추천 후보 생성모델'과 '순위 평가 모델'에 기반하며, 시청자 선택 비율은 약 90% 내외로 알려져 있다. 추천 후보 생성모델은 사용자의 동영상 ID, 위치 및 나이 등 유튜브 콘텐츠 시청 이력을 파악하여 심층 신경망에 입력되고 시청 확률이 높은 순서대로 추천되며, 순위평가 모델은 기존 시청자가 가장 높은 선택률을 보여준 동영상과 사용자가 끝까지 시청할 확률 가능성이 높은 동영상 몇 개를 추천하는 시스템이라고 볼 수 있다(정상훈·신승준, 2021).

최근 오디오 스트리밍 플랫폼에서는 인간의 목소리로 사용자의 취향에 맞는 음악을 추천해 주는 AI DJ가 활용되고 있다(한정훈, 2023). 오디오 스트리밍 플랫폼 분야 글로벌 1위 사업자인 스포티파이(Spotify)는 최근 AI DJ를 활용하여 사용자가 이전에 들었던 음악 리스트를 바탕으로 음악을 추천해 주고 있는데 AI DJ의 추천 정확도도 높은 수준이며, AI DJ의 '사실적인 목소리'도 강점이다(한정훈, 2023). 스포티파이는 최근 생성형 AI를 활용해 나만의 플레이리스트를 만들어주는 '인공지능 플레이리스트(AI Playlist)'의 베타 버전을 발표했다. 이와 같은 '인공지능 플레이리스트'는 챗 GPT를 사용하는 것처럼 사용자가 자신이 원하는 음악을 프롬프트로 입력하면 생성형 AI가 알아서 재생 목록을 만들어 준다(Spotify, 2024).

최근 AI 기술은 광고·홍보 영상 자동 제작 서비스에도 이용되고 있다. 좋은 예가 '브이캣(VCAT)'이다. 브이캣은 전문 디자인 인력을 굳이 고용하지 않아도 쉽게 광고 영상과 배너 이미지 소재를 생산하고, 단순 반복형 디자인 업무를 AI로 자동화할 수 있다. 파이온코퍼레이션에서 만든 생성형 인공지능 기반 서비스형 소프트웨어(SaaS) 플랫폼 브이캣은 제품 URL만 넣으면 자동으로 영상과 이미지가 생성되는 플랫폼 서비스를 제공하고 있으며, 2022년 2월 서비스 론칭 후 1년 만에 유료 구독 브랜드만 2만 개 이상이 생겼으며, 누적 영상 제작도 약 8만 건을 달성한 바 있다(한국전파진흥협회, 2023). 브이캣은 약 1분 정도의 시간을 이용하면 자동으로 15초 이내의 짧은 광고 영상을 만들 수 있어 초보 마케터들도 충분히 기술을 활용해 광고 영상을 만들 수 있는 기술적 장점을 가지고 있다고 평가되고 있다(한국전파진흥협회, 2023).

AI와 콘텐츠 소비

콘텐츠 소비 단계에서는 AI를 통해 기획·제작된 콘텐츠 또는 일반적인 콘텐츠를 AI 개인화 추천 서비스를 통해 이용하는 단계와 관련된다. 가장 좋은 예는 SVOD 서비스나 FAST와 같은 스트리밍 플랫폼에서 AI 개인화 추천 콘텐츠나 채널을 이용하는 것이라고 볼 수 있다. 이와 같은 AI에 의한 추천 콘텐츠 소비는 이용자 데이터 축적과 알고리즘 정교화에 따라 계속 증가할 것으로 예상된다. 결국 이와 같은 AI 추천 콘텐츠 서비스 소비 증가는 추천 서비스 알고리즘 경쟁력이 이용자 만족도를 좌우하는 등 전반적인 미디어 플랫폼의 경쟁력에 영향을 줄 가능성이 크다.

KBS 공영미디어 연구소의 OTT 만족도 조사 결과에 따르면 넷플릭스는 추천작품 만족도(54.4%), 추천작품 이용(58.3%), 전반적 만족도(69.6%)의 조사항목에서 국내에서 모두 1위를 차지했다(유건식, 2022). 넷플릭스는 2023년 미국 시장에서도 추천 프로그램 만족도에서 71%로 1위를 차지했다(Whip Media, 2023). 이와 같은 조사 결과는 넷플릭스가 글로벌 SVOD 시장에서 1위를 유지하고 있는 것이 우연이 아님을 보여줄 뿐만 아니라 AI에 의한 추천 콘텐츠 경쟁력이 전반적인 플랫폼 경쟁력에 큰 영향을 미치고 있음을 보여준다고 볼 수 있다.

한편 이와 같은 플랫폼상에서의 AI 개인화 추천 서비스 이용 증가는 이용자에게 취향에 맞는 콘텐츠만 추천할 가능성이 높아지기 때문에 '콘텐츠 편식'의 문제도 현재보다 더 심해질 가능성이 높다(한정훈, 2023).

참고문헌

김정섭. 2024. 『FAST』. 한울엠플러스.

대신증권. 2023. 『생성형 AI: AI 에이전트 시대』. 대신증권.

≪미디어오늘≫. 2024.4.17. "오리지널 콘텐츠 줄인 OTT업계 … 생존전략 변했다". https://www.mediatoday.co.kr/news/articleView.html? idxno=317393

≪비즈엔터≫. 2023.9.7. "뉴아이디, K-콘텐츠로 미국 시장 공략 … FAST 채널 운용사 1위". http://enter.etoday.co.kr/news/view/246967

방송통신기술산업 인적개발위원회. 2023. "생성형 AI가 방송산업 및 인적자원에 미치는 영향". ≪이슈 리포트≫.

방송통신위원회. 2022. 『2022년 방송산업 실태조사 보고서』. 방송통신위원회.

≪시사위크≫. 2024.5.22. "OTT 미디어 왕좌 흔들 다크호스, 'FAST'가 온다". https://www.sisaweek.com/news/articleView.html?idxno=214757

양지훈·윤상혁. 2023. 「ChatGPT를 넘어 생성형 AI 시대로」. ≪미디어 이슈와 트렌드≫. 한국방송통신전전파진흥원.

유건식. 2022. 「OTT 이용 행태와 디지털 삶의 확장」. 2022 사이버커뮤니케이션학회 봄철 정기학술대회.

이상원. 2020. 『디지털 트랜스포메이션과 동영상 OTT 산업』. 한울엠플러스.

______. 2022a. 『ICT와 미디어』. 퍼플.

______. 2022b. 『디지털 전환 3.0 패러다임과 미디어 플랫폼 산업의 미래 전략 및 정책』. 정보통신정책연구원.

______. 2023a. 『글로벌 OTT 시장 변화와 전망』. 한국콘텐츠진흥원.

______. 2023b. 「미디어 플랫폼을 통한 국내방송·미디어콘텐츠 글로벌 유통 활성화를 위한 정책과제」. 한국방송학회 디지털전환과 미디어혁신 연구회 특별 세미나 발제문.

______. 2023c. 「유료방송플랫폼의 경쟁력 제고 요소와 규제개선 과제」. 공익법산업센터 91회 세미나 발제문.

이상원·김선미. 2023. 「SVOD 시장 성장이 광고기반 스트리밍 TV 시장성과에 미치는 영향」. 2023 한국방송학회 봄철 정기학술대회.
이성춘. 2023. 「방송시장 현황과 규제 개편 필요성」. 공익법산업센터 91회 세미나 발제문.
아이지웨이웍스 모바일 인덱스. 2024. "2024년 OTT 일간 활성 이용자 수(DAU) 변화 추이".
정상훈·신승준. 2021. "인공지능 맞춤 추천서비스 기반 온라인 동영상(OTT) 콘텐츠 제작 기술 비교". ≪한국인터넷방송통신학회 논문지≫, 21(3), 99~105쪽.
≪조선일보≫. 2021.12.31. 140조 쏟아 붓는다 … OTT '호랑이해 혈투', https://www.chosun.com/economy/industry-company/2021/12/31/IKTD3CO4SBGFZNXF5J7YDQL7DI/
조재용. 2023. "JTBC 삼성전자와 파트너십 체결, 국내 FAST 시장진출". ≪싱글리스트≫. http://www.slist.kr/news/articleView.html?idxno=431005
조재희. 2014. "스마트폰 어플리케이션과 기존매체 사이의 대체 혹은 보완 관계: 성별과 세대 차이를 중심으로". ≪한국언론학보≫, 58(3), 87~110쪽.
한국방송통신전파진흥원. 2021. "미 할리우드의 인공지능을 활용한 효과적인 제작 기획 및 투자 결정 트렌드". ≪Media Issue & Trend≫ Issue Report 01.
한국전파진흥협회. 2023. 『차세대방송 성장기반 조성 기획위원회 보고서』. 한국전파진흥협회.
한국콘텐츠진흥원. 2024. 『2023 방송영상산업백서』. 한국콘텐츠진흥원.
한정훈. 2023. "AI가 바꾸는 산업들". ≪Media Issue & Trend≫ Issue Report 01.
≪AI타임스≫. 2022.6.2. "인후암 수술 발 킬머, 영화 '탑건 매버릭' 음성 연기에 AI 도움 받아". https://www.aitimes.com/news/articleView.html?idxno=144947
Incross. 2023. "스트리밍 시대의 새로운 광고 전략, FAST". Incross Market Insight.
ZDNET Korea. 2023.2.3. "구글, 4분기 실적 부진". https://zdnet.

co.kr/view/?no=20230203064643

Antenna. 2023. "Antenna state of subscription report: Sports."

Digital TV Research. 2023. "SVOD subscriptions to grow by 321 million." https://digitaltvresearch.com/svod-subscriptions-to-grow-by-321-million

Dimmick, J. & E. Rothenbuhler. 1984. "The theory of the niche: Quantifying competition among media industries." *Journal of Communication*, 34(1), pp.103~119.

Dutta-Bergman, M. J. 2004. "Complementarity in consumption of news types across traditional and new media." *Journal of Broadcasting & Electronic Media*, 48, pp.41~60.

Fortune. 2023. "Consumers are paying more than ever for streaming TV each month and analysts say there's no reason for the companies to stop raising prices." https://fortune.com/2023/11/02/streaming-prices-increases-netflix-disney-apple-when-will-it-end

Hoskins, C. & R. Mirus. 1988. "Reasons for UD dominance in the international trade in television programmes." *Media, Culture and Society*, 10, pp.499~515.

JustWatch. 2024. "Streaming Charts." https://amazingstories.com/2024/04/justwatch-releases-1st-quarter-streaming-data-look/

Market Research. 2023. "Generative AI in media and entertainment market."

Market.us. 2023. "Global Text to Video AI Market." https://market.us/report/text-to-video-ai-market

McCombs, M. 1972. "Mass media in the marketplace." *Journalism Monographs*, 24, pp.1~104.

Omedia. 2023. "Free ad-supported streaming TV (FAST) advertising revenue in the United Kingdom (UK) from 2021 to 2027." https://www.statista.com/statistics/1370242/fast-ad-revenue-uk/

PwC. 2021. "PwC Global Entertainment and Media Outlook 2021-2025."

______. 2022. "PwC Global Entertainment and Media Outlook 2022-2026."

Shepherd, J. 2023. "22 Essential YouTube Statistics You Need to Know in 2023." https://thesocialshepherd.com/blog/youtube-statistics

Spotify. 2024. "Spotify newsroom." https://newsroom.spotify.com/2024-04-07/spotify-premium-users-can-now-turn-any-idea-into-a-personalized-playlist-with-ai-playlist-in-beta/

Statista. 2022. "Statista Statistics."

______. 2023. "Statista Statistics."

Strategy Analytics. 2021. "Global Smart TV Household Ownership to Exceed 50% by 2026."

Variety Intelligence Platform. 2021. "Variety Intelligence Platform Analysis Report."

______. 2023. "Variety Intelligence Platform Analysis Report."

Whip Media. 2023. "2023 US Streaming Satisfaction."

3장

미디어 플랫폼 산업 전략 방향

스트리밍 사업은 지속 가능한가?

2020년 월트디즈니컴퍼니(The Walt Disney Company)의 CEO 자리에서 은퇴한 후 2022년 11월에 다시 디즈니로 복귀한 밥 아이거(Robert Allen Iger)는 디즈니의 스트리밍 사업에 대해 "우리가 만들어내는 콘텐츠의 양과 콘텐츠에 투자하는 비용을 합리화하는 것이 매우 중요하다"고 말하면서 스트리밍 서비스의 '지속 가능한 성장'을 강조한 바 있다.

디즈니는 한때 '콘텐츠 왕국'으로 불렸지만 최근 스트리밍 미디어 시대가 도래하면서 넷플릭스, 아마존 프라임 비디오, 맥스 등의 사업자들과 힘겨운 경쟁을 지속하고 있다. 2022년 11월 초, 디즈니는 영업손실액 14억 7000만 달러(약 19조 2200억 원)를 기록했으며, 주가도 2021년 동기 대비 약 40% 이상 하락한 바 있다. 2023년 1분기 디즈니의 스트리밍 사업은 6억 5900만 달러의 손실을 기록했다.[1] 스트리밍 서비스의 비

---

1) 밥 아이거 복귀 후 디즈니의 경영 성과는 어느 정도 개선되고 있다고 판단된다. 밥 아이거의 디즈니 복귀 후 1년이 지난 2023년 11월에 디즈니가 공개한 2023 4분기 전체 매출액은 212억 4100만 달러(약 27조 8575억 원)로 2022년 동기 대비 5% 증가했으며, 순이익은 2억 6400만 달러(약 3462억 원)로 2022년 동기 대비 63% 증가했다. 디즈니 플러스도 700만 명의 신규 구독자를 확보해 시장 전망치보다 많은 약 1억 5020만 명의 구독자 수를 달성했으며, 스트리밍 분야 영업손실도 2022년 동기 14억 7000만 달러(약 1조 9279억 원)에서 2023년 4분기 3억 8700만 달러(약 5076억 원)로 대폭 하락했다. 흥미로운 점은 밥 아이거가 스트리밍 분야 실적 개선의 요인으로 디즈니 플러스에서 〈엘리멘탈〉, 〈인어공주〉, 〈가디언즈 오브 갤럭시 3〉 등의 작품 공개와 디즈니 플러스의 오리지널 콘텐츠인 드라마 〈무빙〉의 성공을 꼽았다는 것이다(The Pabii Research, 2023.11.9).

교적 빠른 확산과 성장에도 불구하고 앞서 2장에서 살펴본 바와 같이 넷플릭스를 제외한 대부분의 스트리밍 사업자들은 2023년에 기대만큼의 수익을 내지 못하고 있거나 적자를 기록했다. 그렇다면 스트리밍 사업의 성장에도 불구하고 대부분의 SVOD 사업자들이 충분한 수익을 내지 못하는 원인을 살펴보고 스트리밍 사업의 '지속 가능성'을 평가하면서 미디어 플랫폼 산업의 향후 전략 방향을 모색해 볼 필요가 있다.

스트리밍 사업이 충분한 수익을 확보하기 어려운 이유

글로벌 스트리밍 사업자들이 스트리밍 사업에서 충분한 순수익을 확보하기 어려웠던 가장 큰 이유 중 하나는 오리지널 콘텐츠 확보를 위한 과도한 콘텐츠 투자라고 볼 수 있다. **그림 3-1**과 같이 주요 미디어 사업자 중 디즈니는 2022년에 약 330억 달러, 컴캐스트는 260억 달러, 워너브라더스 디스커버리(WBD)는 224억 달러, 넷플릭스는 약 193억 달러, 아마존은 약 130억 달러를 콘텐츠 투자에 쏟아 부었다. 2021년 대비 넷플릭스는 13%, 아마존 24%, 애플 35% 이상 콘텐츠 투자 규모가 커졌다. 특히 넷플릭스의 경우 2022년 전체 매출의 약 61% 이상을 콘텐츠에 투자한 것으로 나타났다. 글로벌 1위 사업자인 넷플릭스의 이와 같은 공격적인 콘텐츠 투자는 다른 주요 글로벌 스트리밍 사업자들의 경쟁적인 콘텐츠 투자로 이어졌다. 다른 사업자들이 1위 사업자인 넷플릭스의 콘텐츠 경쟁력에 견줄 만한 콘텐츠 투자 없이 시장에서 충분한 가입자 수 확보가 어렵다고 판단했기 때문으로 보인다. 콘텐츠 투자를 통한 가치 창출과 가입자 확보, 이를 통해 다시 콘텐츠 투자와 더 많은 수의 가입자

그림 3-1 주요 글로벌 미디어 사업자들의 콘텐츠 투자 규모(2021~2022)(단위: 10억 달러)

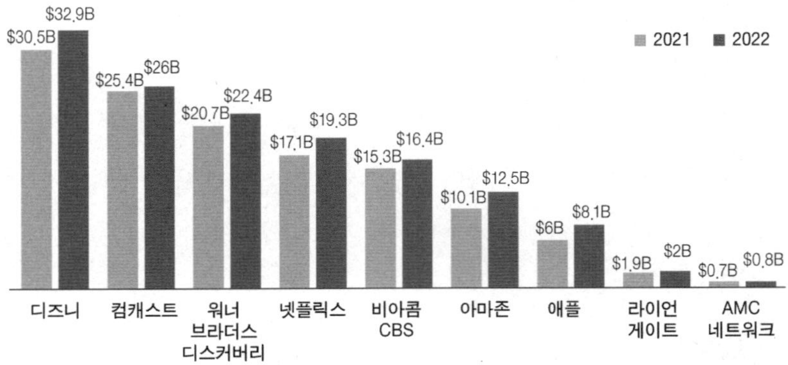

자료: Wells Fargo(2022)

확보와 같은 선순환 체계를 이루기 위해서 특히 초기 콘텐츠 투자는 분명 스트리밍 사업에서 중요한 부분이라고 할 수 있다.

그러나 이와 같은 선두 주자 넷플릭스의 전략적 시도를 대부분의 스트리밍 사업자가 벤치마킹하고 교과서처럼 받아들이게 되면서 시장에서는 단기간에 콘텐츠 제작 수요가 커졌고 콘텐츠 제작 수요가 커지다 보니 콘텐츠 제작비용도 비교적 단기간에 상승하게 되었다.

결국 이와 같은 오리지널 콘텐츠에 초점을 맞춘 대규모 콘텐츠 투자는 밥 아이거가 언급한 것처럼 제작된 또는 유통하고자 하는 "콘텐츠의 양과 콘텐츠에 투자하는 비용의 합리화"에 그다지 성공적이지 못했다고 볼 수 있다. 그 결과 앞서 2장의 **그림 2-6**에 살펴본 바와 같이 2023년 3분기에 넷플릭스와 워너 브라더스 디스커버리를 제외한 대부분의 주요 글로벌 플랫폼 사업자의 직접 소비자 대상 부문 수익성(Direct-to-Consumer Segment Earnings)은 영업손실을 기록하게 된다.

그림 3-2 미국 소비자 물가지수 변화 추이(2019~2024)

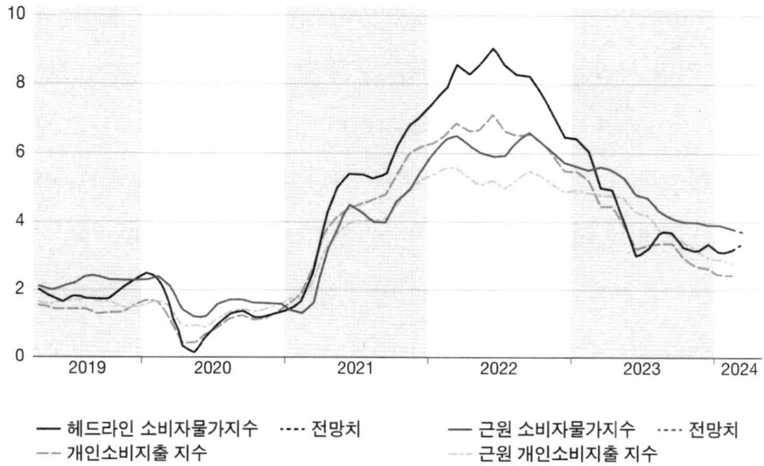

자료: LSEG Datastream

이와 같은 시장 상황과 영업손실은 2022년 이후 촉발된 글로벌 경제 리스크와 미국 시장에서 콘텐츠 제작비 상승에 영향을 받은 것이다. 미국작가조합(Writers Guild of America: WGA)과 미국배우노조(Screen Actors Guild - American Federation of Television and Radio Artists: SAG-AFTRA)의 파업이 미국에서의 콘텐츠 제작비 상승에 일부 원인이 되었다.

러시아-우크라이나 전쟁 이후 미국의 소비자 물가지수(CPI)는 2022년 6월 9.1%에서 2023년 6월 3.0%까지 낮아졌지만, 2024년 상반기에도 높은 수준에서 등락하면서 3%대 중반의 비교적 높은 수준을 유지하고 있다(**그림 3-2** 참조). 미국은 이와 같은 높은 물가 상승에 대응하기 위해 공격적인 금리 인상을 단행해 2001년 이후 가장 높은 수준의 금리를

2023 7월 이후 2024년 상반기에도 유지하고 있다(연합뉴스, 2024.3.21).

또한 미국 미국작가조합(WGA)과 미국배우노조(SAG-AFTRA)의 파업은 스트리밍 사업에 따른 수익 투명 공개 및 분배, 인공지능(AI) 도입과 관련해 작가들의 권리 보장을 촉구하며 2023년 5월에 시작되었고, 2023년 11월에 협상이 타결되면서 파업이 종료되었다(≪한국일보≫, 2023.9.25). 파업 종료 시 스트리밍 재상영 분배금 인상, 배우들의 최저임금 인상, 건강연금보험에 대한 기여금 확대 등의 내용이 노사합의안에 포함되었다.

결국 이와 같은 고물가와 고금리 등 글로벌 경제 리스크 요인과 미국 미국작가조합과 미국배우노조의 파업 등 제작비 상승 요인은 글로벌 스트리밍 사업자들에게 콘텐츠 투자비용 부담에 대한 추가적인 상승압력으로 작용하고 있다고 볼 수 있으며, 이에 대응할 수 있는 지속 가능한 성장을 위한 새로운 전략적 접근의 필요성을 증대시키고 있다.

글로벌시장 경쟁 심화와 OTT 서비스 호퍼(service hopper)의 등장

스트리밍 사업에서 경쟁우위를 확보하면서 지속 가능한 성장을 유지하는 것이 어려워진 근본적인 이유 중 하나는 시장 경쟁 심화라고 볼 수 있다. 물론 미디어 산업에서 시장 경쟁은 각 미디어 기업이 처한 기본적인 환경이지만 스트리밍 사업과 기존 방송산업의 경쟁 구도는 상당히 다른 측면이 존재한다.

기존의 방송산업은 일반적으로 정부가 전파의 희소성에 의해서 방송의 사회적 영향력 및 방송시장에서 독과점을 인정해 주는 대가로 공적 책무를 부여하는 '수탁제 모델(trusteeship model)'로 설명이 어느 정도 가능하며, 경쟁이 존재하는 시장이기는 하지만 기본적으로 정부가 사전 규제(예: 허가나 승인 등)로 어느 정도 수준의 경제적 편익을 제도적으로 확보할 수 있게 하는 시장이었다.

그러나 스트리밍 시장의 경쟁 상황은 이와는 상당히 다르다. 예를 들어 유료방송(예: 케이블)의 경우 한편으로는 지역성 책무를 지고 있고, 다른 한편으로는 지역적 수준에서 과점(또는 독점)을 정부가 허가한 시장이라고 볼 수 있으나 OTT 서비스는 전국적 수준에서 경쟁을 한다.

현실적으로는 대규모 글로벌 미디어 플랫폼 사업자가 해외 진출을 한 나라들의 경우 글로벌 수준에서 시장 경쟁을 하는 환경이라고 볼 수 있다. 즉, 글로벌 수준의 경쟁이기 때문에 정부가 제도적으로 경쟁을 제한하기는 어려운 환경이고, 따라서 기존의 방송산업과 비교했을 때 경쟁은 더 심화될 수 있는 구조이며, 이에 따라 다수의 사업자가 충분한 수익을 내기도 어려울 수 있으며, 이전의 방송산업과 비교했을 때 규모의 경제가 경쟁력에 미치는 영향이 더 클 가능성이 높다.

그림 3-3과 **그림 3-4**는 이와 같은 시장 경쟁 심화 상황을 제시해 준다. 디지털 TV 리서치(Digital TV Research, 2023)에 따르면, 2028년 글로벌 SVOD 시장은 넷플릭스, 아마존 프라임 비디오, 디즈니 플러스 등 상위 3개 글로벌 미디어 플랫폼 사업자가 글로벌 SVOD 시장의 약 43% 이상을 점유할 것으로 추정되고 있다(**그림 3-3** 참조).

이와 같은 글로벌 미디어 플랫폼 사업자들은 콘텐츠 제작 및 유통에서 규모의 경제 실현을 통한 효율성 확보를 바탕으로 전 세계적으로 진출하고 있으며 동시에 더욱 큰 규모에서 규모의 경제를 실현하고 있다. 그뿐

그림 3-3 2028년 글로벌 SVOD 가입자 수 전망(단위: 100만 명)

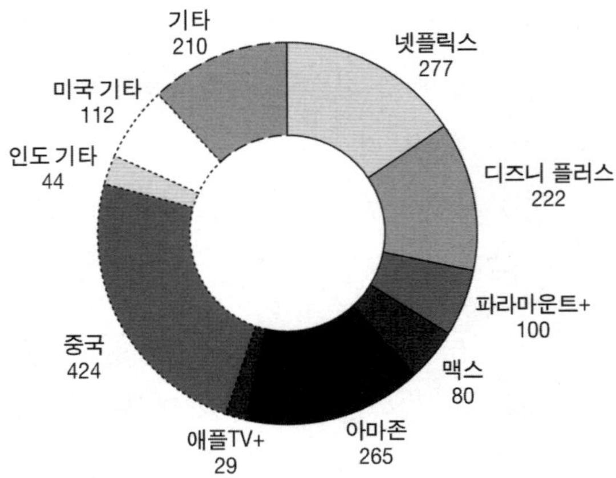

자료: Digital TV Research(2023)

만 아니라 이들 상위 3개 사업자들은 한국 국내시장에도 진출해 있다. 이와 같은 상위 3개 글로벌 미디어 플랫폼 사업자들도 미국 내에서도 매우 치열한 경쟁 상황에 직면하고 있다. 2027년 미국 SVOD 시장 매출액 전망을 살펴보면 넷플릭스가 매출액 104억 달러로 1위로 예상되지만, 디즈니 플러스와 훌루의 통합을 고려한다면 디즈니의 2027년 SVOD 매출액은 넷플릭스를 앞설 것으로 보인다(**그림 3-4** 참조). 이와 함께 **그림 3-4**에서 확인할 수 있듯이 미국 SVOD 시장에는 이미 다수의 사업자가 치열한 경쟁을 하고 있는 상황이다.

이와 같은 경쟁 심화는 한편으로는 넷플릭스와 같이 190개국 이상의 해외시장 진출을 통해 '콘텐츠 규모의 경제'를 실현하면서 콘텐츠 투자 비용 분산과 함께 콘텐츠 투자 여력 확보 및 가입자 증가로의 선순환 체계를 확보하려는 사업전략과 연결되었고, 다른 한편으로는 각 플랫폼에

그림 3-4 2027년 미국 SVOD 매출액 전망(단위: 10억 달러)

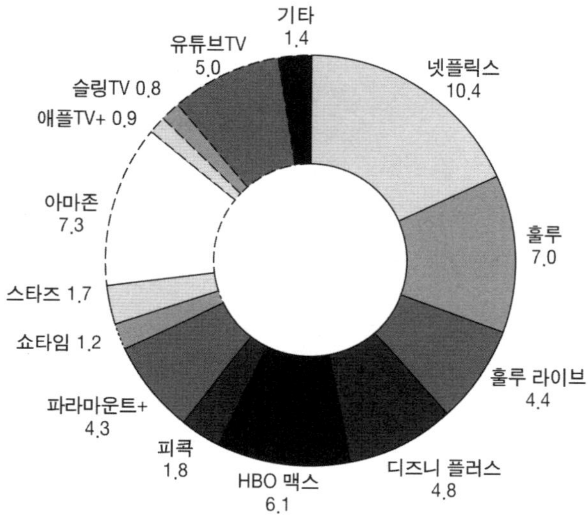

자료: Digital TV Research(2022)

서만 이용 가능한 독점적 오리지널 콘텐츠를 제공함으로써 경쟁력을 확보하는 것이 하나의 '전략적 규범(strategical norm)'으로 자리 잡는 데 영향을 준 것으로 보인다.

경쟁 심화와 함께 각 미디어 플랫폼 사업자들의 오리지널 콘텐츠 전략은 한편으로는 여러 OTT 플랫폼에 동시에 가입하는 다중 OTT 플랫폼 이용자 증가를 초래하였고,[2] 다른 한편으로는 OTT 서비스의 가입-해

---

2) 미국에서는 2022년 1분기에 인터넷 사용 가구 중 약 50%가 4개 이상의 OTT를 시용하고 있을 만큼 다중 OTT 플랫폼 이용자 수가 증가하였다(Parks Associates, 2022).

그림 3-5 2023년 미국 SVOD 서비스 호퍼 현황

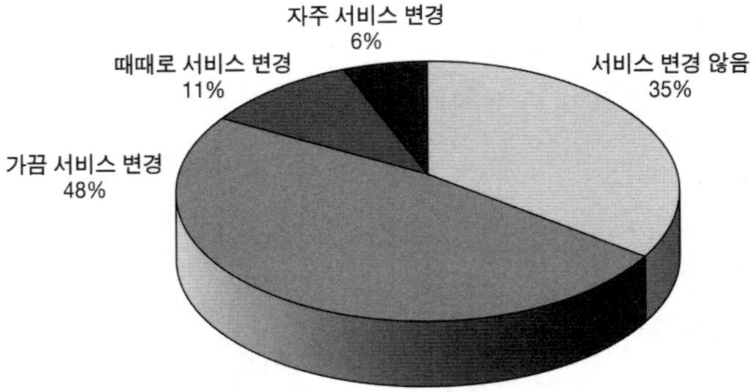

자료: TelevisionNewsDaily(2023)

지-재가입을 정기적으로 반복하는 '서비스 호퍼(service hoppers)'의 증가를 초래한 것으로 보인다. 이와 같은 SVOD 서비스 호퍼는 미국에서 2017년 이후 2023년 사이에 약 6년 동안 143% 증가한 것으로 나타났다(TelevisionNewsDaily, 2023). 최근에는 약 65%의 미국 스트리밍 이용자가 서비스 호퍼에 해당하는 것으로 나타났다(**그림 3-5** 참조). 미국에서는 2023년에 조사한 OTT 연간 이탈률(annual churn rate)이 약 47%에 달하는 것으로 나타났고 이는 OTT 서비스 호퍼의 증가 추세와도 상당한 관련성이 있어 보인다(Parks Associates, 2023).

이와 같은 서비스 호퍼의 증가는 넷플릭스 플랫폼을 제외하고 플랫폼 구독을 지속하지 않는 이용자 수가 증가하고 있다는 것을 의미한다. 즉, 결국 각 스트리밍 사업자들의 오리지널 콘텐츠 전략은 한편으로 콘텐츠 차별화 수준을 고도화하는 데 기여하였지만, 결과적으로는 넷플릭스와 같은 다량의 콘텐츠를 제공하지 못하는 사업자인 경우에는 구독료 상승

과 함께 구독을 지속적으로 유지하기 어려워지면서 안정적인 수익을 유지하기 어려워졌다고 볼 수 있으며, 이는 지속 가능한 스트리밍 사업을 어렵게 하는 요소 중 하나가 되었다.

지속 가능성 확보를 위한 대응 전략

앞에서 살펴본 바와 같이 스트리밍 사업은 글로벌시장에서 계속적으로 성장하였고 특히 코로나19를 거치면서 미디어 산업에서 하나의 블루오션(blue ocean) 시장으로 여겨졌지만, 높은 수준의 콘텐츠 투자 감당, 제작비 상승, 서비스 호퍼의 증가 등으로 지속 가능한 성장전략을 모색하지 않을 수 없는 시장 환경에 처하게 되었다.

결국 이와 같은 상황에서 지속 가능성 확보를 위해 스트리밍 서비스 사업자가 선택할 수 있었던 전략적 방향은 안정적인 수익 확보, 콘텐츠 투자 효율성 강조, 스포츠 중계를 통한 콘텐츠 투자 위험률 감소와 이용자 구독 지속, 결합상품 전략 등으로 볼 수 있다.

광고 기반 요금제 출시와 계정공유 금지

앞서 살펴본 스트리밍 시장에서의 경쟁 심화는 2개 이상의 다중 플랫폼에 가입자 수를 증가시켰으며, 이에 따라 전반적인 OTT 구독비용을 축소하고자 하는 이용자 수도 증가하기 시작했다. 이와 같은 시장 상황에서 플랫폼 사업자 입장에서는 여전히 가입자 수 증가가 절실하게 필요

그림 3-6 넷플릭스의 2022년 주가 하락

자료: Fortune (2022)

한 상황이었다고 볼 수 있다.

이와 같은 2022년 2월말 러시아-우크라이나 전쟁이 시작된 이후 넷플릭스는 2022년 1분기에 사상 처음으로 가입자 감소를 기록하면서 기록적인 주가 하락을 경험하였다(**그림 3-6** 참조). 2022년 2분기에도 글로벌 가입자 수가 무려 97만 명 이상 감소하였다. 이와 같은 넷플릭스의 2022년 가입자 수 감소는 2022년에 시작된 러시아-우크라이나 전쟁의 영향이 크다. 2022년 1분기에 러시아-우크라이나 전쟁의 영향으로 러시아의 넷플릭스 가입자 약 70만 명이 넷플릭스 서비스에서 이탈하면서 총 글로벌 가입자 수가 20만 명 이상 감소하였다(이상원, 2022b).

흥미롭게도 2022년은 넷플릭스가 미국 스트리밍 시장에서 다른 경쟁자들의 강력한 도전으로 시장 점유율이 감소하던 시기이기도 한다. 미국 스트리밍 시장에서 넷플릭스는 그동안 시장 점유율 1위를 지키고 있었지만, 2022년 말부터 아마존 프라임 비디오가 시장 점유율 21%로 넷플릭스의 시장 점유율을 추월하면서 1위를 차지하게 되었다는 조사 결과가 발표되기도 했다(JustWatch, 2023).

이에 넷플릭스는 한편으로는 광고를 통해 수익을 기대할 수 있고 다른 한편으로는 저렴한 요금제로 이용자를 확보를 기대할 수 있는 새로운 수익모델로서 저가 광고 기반 요금제[3]를 출시하였다(≪디지털데일리≫, 2022.9.26). 디즈니 플러스도 2022년 12월부터 구독료를 기존 7.99달러에서 10.99달러로 3달러 인상하는 동시에 광고 기반 요금제를 출시하였다(손현정·이상원, 2024). 디즈니 플러스는 이용자가 광고 요금제를 선택할 경우 현재와 동일하게 7.99달러로 콘텐츠를 이용할 수 있게 하였으며(손현정·이상원, 2024), 이와 같은 시장 변화에 따라 국내 OTT 사업자인 티빙도 2024년 월 5,500원의 가격으로 광고 기반 요금제를 도입한 바 있다.

그림 3-7은 미국 시장에서의 플랫폼별 광고 기반 SVOD 서비스 가입 비율을 보여준다. 미국 시장에서는 피콕과 훌루의 광고 기반 SVOD 서비스 가입 비율이 매우 높은 편이며, 비교적 최근에 광고 기반 요금제를 출시한 넷플릭스와 디즈니 플러스의 경우 낮은 수준임을 알 수 있다.

---

3) 넷플릭스는 2022년 11월 '광고형 베이식 요금제'를 처음 출시하면서 월정액 요금을 5500원으로 책정하였다. 이는 기존 광고 없는 가입형 요금제 가격이 월 9500~17000원에 책정된 가운데 가장 기본형인 베이식보다 4000원 이상 저렴한 금액이며, 이와 같은 광고형 요금제를 이용하는 이용자는 콘텐츠가 재생되기 전과 중간에 15~30초가량의 광고를 보게 보도록 되어 있다(손현정·이상원, 2024).

그림 3-7 플랫폼별 광고 기반 SVOD 서비스 가입 비율(미국)(2023년 2월)

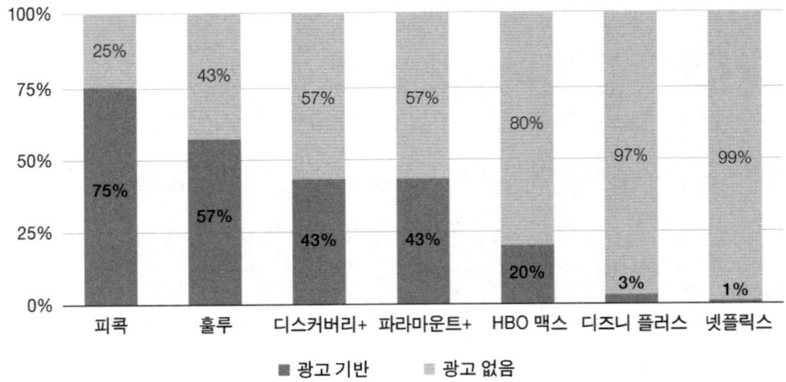

자료: Antenna(2023)

이와 같은 저가 광고 기반 요금제는 오리지널 콘텐츠 공개 직후 가입자가 급증한 후 단기간에 가입자가 빠져나가는 OTT 서비스 호퍼에 대한 대응책으로도 주목 받고 있다(≪디지털데일리≫, 2022.9.26).

최근 손현정·이상원(2024)의 실증연구는 글로벌 미디어 플랫폼의 대표적 서비스인 넷플릭스 이용자들을 대상으로 넷플릭스가 제공하는 광고 없는 요금제에서 광고형 저가 요금제로의 전환 의도에 영향을 미치는 요인을 고찰하였다. 손현정·이상원(2024)의 실증연구는 이를 위해 PPM (Push-Pull-Mooring) 모델과 제한된 합리성에 근거한 행동경제학적 관점의 심리적 변인들을 제시하여 연구모형을 구축하였으며, 넷플릭스 이용자들의 광고형 저가 요금제 전환 의도를 유발시키는 푸시 요인을 기존 OTT 서비스의 콘텐츠 불만족, 기존 OTT 서비스의 가격 불만족, 기존 OTT에 대한 합리적 무관심으로 설정하고, 행동경제학적 관점의 심리 변인인 현상유지 편향, 기존 광고 효과 관련 선행연구에서 예측 변수로써 설명력이 확인된 지각된 광고침입성을 적용하여 이 변인들 간의 영향 관계를 검증하였다(손현정·이상원, 2024). 위계적 회귀분석을 통한 연구 결과, 기존 OTT 서비스의 가격 불만족, 현상유지 편향, 지각된 광고침입성이 광고형 저가 요금제 전환 의도에 통계적으로 유의미한 영향을 미치는 것으로 나타났다(손현정·이상원, 2024). 즉, 실증연구 결과는 기존 OTT 서비스의 가격에 불만족이 큰 이용자인 경우 광고형 저가 요금제 전환의도가 큰 것으로 해석될 수 있으며, 기존 서비스에 대한 현상유지 편향이 크거나, 이용자가 OTT 이용에 있어서 광고침입성이 크다고 인식할수록 광고형 저가 요금제로의 전환 의도는 낮은 것으로 해석될 수 있다.

광고 기반 저가 요금제 출시와 함께 최근 SVOD 사업자들이 이용하고 있는 전략 중 하나는 계정공유 금지 정책이다. 계정공유 금지는 가족 등 같은 공간에 있지 않은 타인과의 계정공유를 원천적으로 금지하는 것으로, IP주소 기반으로 주거 외 지역에서 접속 시 접속이 차단되게 되는 정책이다(≪이데일리≫, 2023.7.21). 넷플릭스의 경우 2023년 2월 캐나다, 뉴질랜드, 포르투갈, 스페인 등을 시작으로 2023년 5월에는 미국, 남미, 홍콩 등 103개국에서 계정공유 금지를 전 세계적으로 확대하였고, 우리나라에서도 2023년 11월 이후 계정공유 금지를 시행하고 있다.

계정공유는 일부 SVOD 이용자들에게 이용을 제한하고 새로운 가입을 유도하여 가격을 인상하는 것은 아니지만 가격을 인상하는 것과 유사한 효과를 가져올 수 있다. 결국 이와 같은 계정공유 금지는 일단 성공적인 것으로 보인다. **그림 3-8**과 같이 넷플릭스의 1일 가입자 수 변화 추이를 살펴보면 미국의 경우 계정공유를 금지한 2023년 5월에 1일 가입자 수가 급격하게 증가한 것으로 나타났다.

그림 3-8 넷플릭스의 1일 가입자 수 변화 추이(미국)(2023)

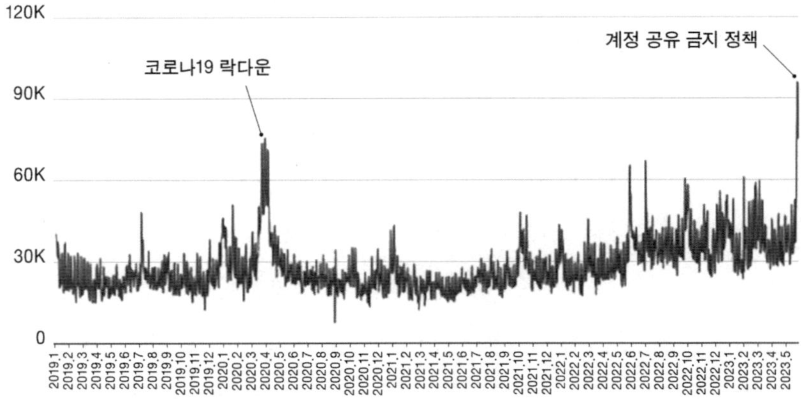

자료: Antenna(2023)

이와 같은 광고 기반 저가 요금제 출시와 계정공유 금지 등의 전략적 대응으로 최근 넷플릭스의 전 세계 가입자 수는 다시 지속적으로 증가되고 있다. 2024년 1분기 넷플릭스의 가입자 수는 약 930만 명 증가하였고 전 세계 가입자 수는 2억 6900만 명에 도달한 것으로 나타났다.

콘텐츠 투자 숨고르기, 콘텐츠 외부 유통 전략 및 구독료 인상

지속 가능한 스트리밍 산업 성장을 위해서 콘텐츠 투자와 전략 측면에서 변화가 있었다. 주로 2022년 지나면서 글로벌 스트리밍 사업자들이 콘텐츠 투자 측면에서 숨고르기에 들어간 것이다. **그림 3-9**와 같이 디즈니는 2022년까지 콘텐츠 투자를 증가시켰지만, 2022년 11월 밥 아이거 CEO가 디즈니로 복귀한 후 2023년에 콘텐츠 투자를 28억 달러 이상 줄

그림 3-9 넷플릭스와 디즈니의 콘텐츠 투자 변화 추이(2020~2024(F))

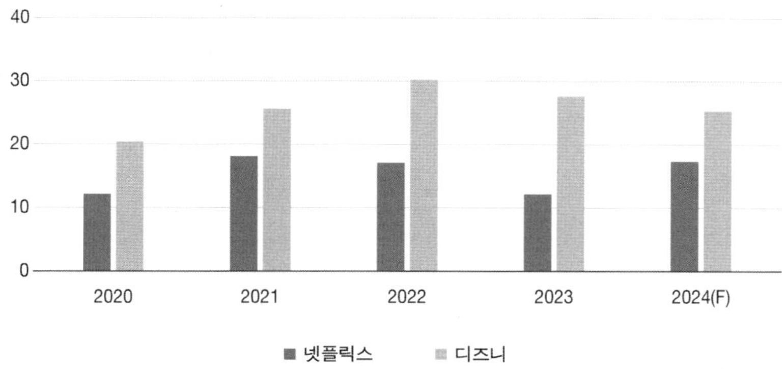

* (F) = 예측치

자료: Statista, Netflix, Disney 발표 데이터로 재구성.

였고, 2024년에도 22억 달러 이상 줄일 것으로 예측되고 있다. 넷플릭스는 글로벌 1위 사업자이고 다른 스트리밍 사업자와 달리 최근 영업이익을 내고 있지만 2022년과 2023년 연속으로 콘텐츠 투자를 축소했다. 2023년에 넷플릭스와 스트리밍 사업자들이 콘텐츠 투자를 줄이게 된 배경에는 앞서 언급한 미국작가조합과 미국배우노조의 파업이 많은 영향을 미친 것으로 보인다. 워너 브라더스 디스커버리도 합병 후 계속되는 비용 절감 전략의 일환으로 구독자 확보를 위해 오리지널 콘텐츠에 과도한 비용을 지출하지는 않을 것이라는 점을 강조하였다(한국콘텐츠진흥원, 2023a).

오리지널 콘텐츠 전략이 OTT 관련 사업에 매우 중요하며, 충분한 콘텐츠 투자를 할 필요성은 있지만, 오리지널 콘텐츠가 많은 재원 투자에도 불구하고 흥행에 실패하거나 기대만큼의 효과를 거두지 못하는 등 투자 대비 위험률이 여전히 큰 경우도 있다는 점, 그리고 현재 대부분의 스트리밍 사업자들이 영업이익을 충분히 내지 못하고 있다는 점을 고려하면 콘텐츠 투자를 합리화하고 오리지널 콘텐츠 투자에 대한 위험을 줄이는 전략은 현 시장 상황에서 매우 필요한 전략으로 판단된다.

이와 함께 일부 스트리밍 사업자들은 최근 콘텐츠 외부 유통에 매우 적극적으로 나서고 있다. 예를 들어 2023년 워너 브라더스 디스커버리는 자사의 OTT 서비스인 MAX에서 제공되었거나 더 이상의 추가 제작이 취소된 콘텐츠들을 로쿠 채널과 같은 FAST 서비스들을 통해 제공한다고 발표했다(한국콘텐츠진흥원, 2023a). 아마존 프라임 비디오도 콘텐츠 외부 유통을 위해 2023년 '아마존 MGM 스튜디오 디스트리뷰션(Amazon MGM Studios Distribution)'을 출범시키고 AVOD, FAST뿐만 아니라 외부 SVOD와 케이블 TV까지 유통할 예정이다(한국콘텐츠진흥원, 2023a).

이와 같은 콘텐츠 외부 유통 전략은 스트리밍 사업자들이 이미 제작된 콘텐츠 등 가용한 자산기반 자원(property-based resources)[4)]을 적극적으로 활용하는 전략으로 볼 수 있으며, 국내 OTT 사업자들도 FAST나 AVOD에 콘텐츠를 유통하여 IP의 수명을 연장하는 등의 전략을 현재보

---

4) 경쟁전략의 자원기반 관점(resource-based view)에서 밀러(Miller)와 샴시(Shamsie)는 자원을 두 가지 유형으로 분류한다. 밀러와 샴시는 자원을 자산기반 자원(property-based resources)과 지식기반 자원(knowledge-based resources)으로 범주화하였다(Miller & Shamsie, 1996). 자산기반 자원은 특허나 계약 등 재산권에 의해 보호받기 때문에 경쟁기업이 모방이 불가능한 자원이며 이미 제작된 콘텐츠는 자산기반 자원에 해당된다고 볼 수 있다(Chan-Olmsted, 2006).

다 더 적극적으로 활용할 필요가 있다고 판단된다.

콘텐츠 외부 유통 전략과 함께 일부 SVOD 사업자들은 흥행성이 이미 입증된 콘텐츠의 기존 IP를 활용하는 전략에 적극적이다. 기존 IP와 인지도 있는 프랜차이즈나 브랜드에 투자하면서 이미 성공을 거둔 기존 콘텐츠를 활용하여 안정적인 수익을 얻을 가능성이 더 크기 때문으로 분석되고 있다(한국방송통신전파진흥원, 2023b). 예를 들어 애플TV 플러스는 2022년 상반기 전체 신규 오리지널 시리즈의 약 53%를 기존 IP 기반으로 제작하는 등 흥행성이 이미 입증된 콘텐츠의 기존 IP를 활용하는 전략을 적극적으로 활용하였다(한국방송통신전파진흥원, 2023b).

결국 최근 SVOD 사업자들의 콘텐츠 투자 전략 변화는 투자 위험률 감소를 통한 수익의 안정성 확보, 콘텐츠 투자비용 절감 및 외부 유통 등을 통한 콘텐츠 배포 전략의 다각화로 요약할 수 있다.

이와 함께 '지속 가능한 성장'을 위해 대부분의 SVOD 사업자가 추진한 것은 스트리밍 구독료(서비스 가격) 인상이다. 구독료 인상은 스트리밍 사업의 지속 가능성을 위해 모든 사업자가 고려하지 않을 수 없었던 '가장 명확하고 확실하며 예정된 대안'으로 평가된다. 이미 살펴본 바와 같이 글로벌 스트리밍 사업자들은 대규모 콘텐츠 투자를 해왔지만, 이에 대해 충분한 성과(예: 영업이익)를 낸 사업자는 2023년까지 넷플릭스가 유일하다. 수익의 안정성과 콘텐츠 투자비용에 대한 회수를 위해서 구독료 인상은 예정된 것이었다고 판단된다.[5] 특히 2022년 이후 상당한 영

5) 디즈니 플러스와 애플TV 플러스 등 스트리밍 사업자들은 서비스 출시 초기에 새로운 제품이나 서비스의 구매나 사용을 유도하기 위하여 낮은 가격으로 시장

그림 3-10 최근 주요 글로벌 스트리밍 사업자들의 가격 인상 현황

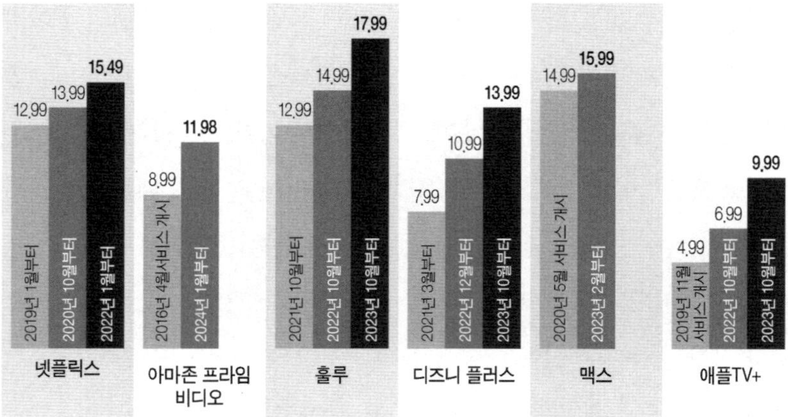

자료: Statista(2024)

향을 주고 있는 인플레이션 등 글로벌 경제 리스크 요인은 글로벌 스트리밍 사업자들의 구독료 인상 결정을 쉽게 할 수 있는 환경으로 작용했다. 1장의 **그림 1-9**에 살펴본 바와 같이 코로나19을 겪으면서 2022년 이후 글로벌 물가지수 상승률은 한때 10% 이상을 기록하기도 했으며, 이와 같은 경제 환경은 구독료 상승의 직접적인 원인 중 하나로 판단된다.

에 출시하여 소비자가 제품이나 서비스의 속성을 알 수 있게 하기 위한 시장침투 가격전략을 적극적으로 활용하였다(이상원, 2020). 이와 같은 시장침투 가격전략은 제품이나 서비스 구매 후 해당 제품이나 서비스의 경험을 통해서만 중요한 속성을 평가할 수 있는 재화의 종류인 경험재인 경우에 흔히 이용되는 가격전략으로, 시장침투 가격전략을 이용하게 되면 초기 이용자가 확보된 후 통상적으로 가격을 인상하게 된다(Hoskins et al., 2004). 이와 같은 가격전략 측면에서 이해했을 때 시장 출시 초기 이후 구독료 상승은 어느 정도 예정된 것이라고도 볼 수 있다.

이와 같은 상황에서 **그림 3-10**과 같이 주요 글로벌 스트리밍 사업자들은 2022년 이후 2~3달러 정도 구독료를 인상한 것으로 나타났다. 국내 시장에서도 유튜브가 2023년 유튜브 프리미엄 이용료를 42.6% 인상하였고, 디즈니 플러스가 2023년 11월 기존 9900원이던 단일 요금제를 1만 3900원으로 인상했으며, 티빙도 2023년 12월 베이식 요금제 기준 월 7900원에서 월 9500원으로, 스탠다드 요금제 기준 월 1만 900원에서 월 1만 3500원으로 인상한 바 있다(≪미디어오늘≫, 2023.12.10).

실시간 스포츠 중계 전략을 통한 위험률 감소와 이용자 구독 지속

최근 스트리밍 사업에서 가장 효율적인 콘텐츠 투자 전략 중 하나로 주목받고 있는 것이 실시간 스포츠 중계권 확보 전략이다. 실시간 스포츠 중계는 기존의 일반적인 오리지널 콘텐츠 제공 전략과 비교했을 때 몇 가지 장점이 있다. 일단 실시간 스포츠 콘텐츠는 일반적인 콘텐츠와 비교했을 때 팬층이 두텁고 충성 시청자들이 존재해 시청 수요가 어느 정도 보장될 가능성이 높다(≪경향신문≫, 2024.3.14). 이와 함께 기존 오리지널 콘텐츠를 제공하는 경우 인기 오리지널 콘텐츠 방영이 끝난 시기에 서비스를 해지하고 다른 플랫폼으로 이동하는 OTT 서비스 호퍼를 방지하기 어렵지만 인기 있는 실시간 스포츠 콘텐츠를 제공하는 경우 시즌 종료 전에 서비스를 해지할 가능성이 매우 낮다는 점에서 상당히 안정적인 수익을 확보할 가능성이 높다. 또한 플랫폼에 오래 체류하게 하는 록인효과(lock-in effect)를 기대할 수 있기 때문에 플랫폼 입장에서는 상당한 광고 수익도 얻을 가능성이 크다고 볼 수 있다. 결국 스트리밍 사업자들의

그림 3-11 전 세계 SVOD 사업자들의 스포츠 중계권 확보를 위한 투자비용 추이(2016~2023(추정))(단위: 10억 달러)

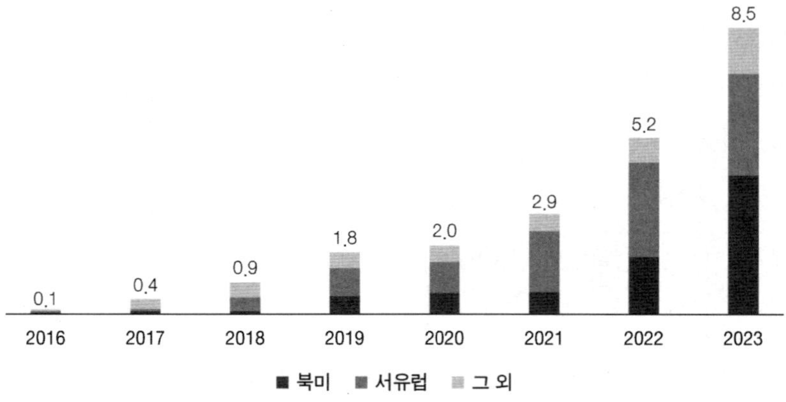

자료: Ampere Analysis(2023)

실시간 스포츠 중계권 확보는 콘텐츠 투자에 대한 위험률을 낮춰 주고 이용자 구독을 지속시켜 줄 수 있으며 이에 따라 가입자 증가 및 유지뿐만 아니라 추가적인 광고수익을 얻을 수 있는 전략이라고 볼 수 있다.

이와 같은 장점 때문에 SVOD 사업자들은 인기 스포츠 중계권 확보를 위해 투자비용을 점점 증가시키고 있다(**그림 3-11** 참조). 전 세계 SVOD 사업자들의 스포츠 중계권 확보를 위한 투자비용은 2023년에 약 85억 달러로 추정되고 있으며, 이 수치는 전 세계 스포츠 중계권 투자의 약 21%를 차지하고 있는 것으로 추정된다(Ampere Analysis, 2023). 이와 같은 실시간 스포츠 중계권을 장기간 계약을 통해 확보하게 되는 경우 상당히 오랜 기간 동안 안정적인 수익을 확보할 수 있기 때문에 '지속 가능한 성장' 측면에서 매우 투자 효율성이 크다고 볼 수 있다. 따라서 국내외 미디어 플랫폼 사업자들 간의 인기 실시간 스포츠 중계권 확보를 위한 경쟁은 점점 심화되고 있다.

특히 최근 애플, 유튜브 등의 글로벌 스티리밍 사업자들은 고가의 스포츠 중계권 독점 계약을 체결하고 이를 바탕으로 스포츠 중계방송을 월정액 상품과 별도의 유료 상품화하여 제공하고 있다. 예를 들어 애플은 2022년 4월부터 애플TV 플러스 가입자들을 대상으로 메이저리그 베이스볼(MLB) 금요 중계방송을 제공하기 시작했고, 2022년 6월에는 미국 프로축구리그(Major League Soccer, MLS)와 2023년 시즌부터 10년간 모든 경기를 독점 중계하는 계약을 시즌 당 2억 5000만 달러에 체결하고, 2023년 시즌 개막을 한 달 앞둔 2월 1일에 MLS 전용 중계 유료상품인 'MLS 시즌 패스(MLS Season Pass)'를 제공하기 시작했다(한국콘텐츠진흥원, 2023b).

유튜브는 2022년 12월에 NFL과 시즌당 20억 달러에 중계권료 계약을 체결하고, 2023년 4월 NFL 주말 경기 유료 상품인 'NFL 선데이 티켓(NFL Sunday Ticket)'을 공개한 바 있으며, 유튜브TV를 통해 '프라임타임 채널(Primetime Channel)'을 통한 선택형(a la carte) 구독 상품으로 NFL 선데이 티켓을 판매하였다(한국콘텐츠진흥원, 2023a). 넷플릭스는 월드레슬링 엔터테인먼트(WWE)의 인기 프로그램 RAW의 독점 중계권을 2025년부터 10년간 약 6조 7000억 원에 사들인 바 있다(≪경향신문≫, 2024.3.14). 한편 아마존 프라임 비디오는 유럽 시장을 중심으로 스포츠 콘텐츠 중계권 확보에 적극적으로 나서고 있으며, 영국 프리미어 리그, 챔피언스 리그, 미국의 NFL 등에 대한 중계권을 확보하였다(한국방송통신전파진흥원, 2022).

한편 국내시장에서는 쿠팡플레이가 2024년 하반기부터 4년간 약

350억 원에 독일 프로축구 분데스리가의 독점 중계권을 확보하였고, 티빙은 2026년까지 3년간 KBO 독점 중계권을 1350억 원에 확보하였다(≪경향신문≫, 2024.3.14).

SVOD 사업자들은 주로 고가의 스포츠 중계권을 확보한 후 주로 자사 유료 가입자들에 한해 제공하거나 별도 유료상품으로 서비스를 제공하였다. 최근에는 AVOD 및 FAST 사업자들도 실시간 스포츠 중계를 무료로 제공함으로써 콘텐츠 경쟁력을 강화하는 추세이다(한국콘텐츠진흥원, 2023b). AVOD와 FAST가 광고 기반임을 고려한다면 광고 수익을 증가시키면서 이용자 수를 확보할 수 있는 효율적인 전략으로 판단된다.

한편 디즈니는 폭스, 워너 브러더스 디스커버리와 함께 합작 벤처회사를 설립해 새로운 스포츠 스트리밍 플랫폼 서비스를 만들고 이를 2024년 가을 출시할 예정이다(연합뉴스, 2024.2.8). 이 플랫폼에선 미국 NFL, NBA, MLB, 월드컵 등 각 사가 중계권을 가진 여러 스포츠 경기를 스트리밍할 예정이며, 세 회사가 가진 중계권을 합치면 미국 스포츠 경기의 약 55%에 달할 것으로 예상되고 있다(≪이데일리≫, 2024.2.7). 이와 같이 실시간 스포츠 중계권을 통해 차별화된 콘텐츠를 제공하면서 경쟁력을 확보하려는 스트리밍 사업자들의 다양한 시도는 계속되고 있다.

플랫폼 통합을 통한 효율성 추구

스트리밍 사업자들의 지속 가능한 성장전략 중 하나는 기존의 SVOD 플랫폼 서비스를 통합하는 것이다. SVOD 플랫폼 간의 통합은 운영하는 플랫폼의 개수를 줄여 운영비용을 절감하는 한편 이용자에게 보다 많은

표 3-1 최근 주요 글로벌 스트리밍 사업자들의 플랫폼 통합 사례

통합 플랫폼	통합 대상 플랫폼	주요 플랫폼 통합 내용 및 가격
맥스 (MAX)	· HBO 맥스, 디스커버리 플러스 합병 후 통합 (2023) · 워너 브라더스 디스커버리 소유	· HBO 맥스, 디스커버리 플러스 콘텐츠 통합 · 광고 기반 요금제(월 9.99 달러) · 광고제외 요금제(월 15.99 달러) · 4K 지원 광고제외 요금제(월 19.99 달러)
파라마운트 플러스 (Paramount+)	· 파라마운트 플러스, 쇼타임 통합 (2023) · 파라마운트 글로벌 소유	· 파라마운트 플러스, 쇼타임 콘텐츠 통합 · 파라마운트 플러스 위드 쇼타임(월 11.99 달러) · 광고 기반 요금제(파라마운트 플러스 에센셜 월 5.99 달러)
통합 디즈니 플러스 앱 (Disney+)	· 기존 디즈니 플러스, 훌루 통합앱 출시 (2023-2024) · 디즈니의 훌루 지분 인수 · 월트 디즈니 컴퍼니 소유	· 디즈니 플러스, 훌루 콘텐츠 통합 · 광고 기반 요금제(월 9.99 달러) · 광고제외 요금제(월 19.99 달러) * 국내 - 스탠더드: 월 9,900원 - 프리미엄 13,900원

자료: Ampere Analysis(2023)

콘텐츠를 제공하게 되어 가치를 증대시키면서 서비스 가격 인상의 계기를 마련할 수 있다는 점이다. 또한 플랫폼 통합은 다중 OTT 플랫폼 이용자가 많아지고 있는 상황에서 이용자에게 다중 OTT 이용으로 인한 스트리밍 피로도를 줄여 줄 수 있는 장점도 있다(한국콘텐츠진흥원, 2023a)

표 3-1은 주요 글로벌 스트리밍 사업자들의 플랫폼 통합 사례를 보여준다. 워너 브라더스 디스커버리 소유의 '맥스(MAX)'는 HBO 맥스와 디스커버리 플러스가 합병 후 2023년에 통합된 플랫폼이다. 맥스는 HBO 맥스와 디스커버리 플러스의 콘텐츠를 통합했으며, 광고 기반 요금제(월 9.99 달러), 광고 제외 요금제(월 15.99 달러), 4K 지원 광고 제외 요금제(월 19.99 달러) 등 3개의 요금제를 출시하였다.

그림 3-12 훌루를 포함한 통합 디즈니 플러스 앱(2024)

자료: 디즈니 플러스

파라마운트 글로벌(Paramount Global) 소유의 파라마운트 플러스(Paramount+)는 기존 파라마운트 플러스 플랫폼과 쇼타임(Showtime) 플랫폼을 2023년에 통합한 플랫폼이다. 통합된 플랫폼은 파라마운트 플러스 위드 쇼타임(월 11.99 달러) 요금제와 광고 기반 요금제(파라마운트 플러스 Essential: 월 5.99 달러)를 출시하였고 파라마운트 플러스 위드 쇼타임은 파라마운트 플러스와 쇼타임 콘텐츠를 통합하여 제공하고 있다.

디즈니는 2019년 컴캐스트(Comcast)와 체결한 계약에 의해 21세기 폭스의 엔터테인먼트 부문을 인수하면서 훌루 지분 3분의 2를 차지했었고, 2023년 말에 나머지 훌루 지분을 보유하게 되어 훌루를 소유하게 되었다. 이에 따라 디즈니 플러스와 훌루 콘텐츠 통합한 앱을 2023년부터 준비해 왔고 2024년에 통합 앱이 출시되었다(**그림 3-12** 참조). 통합된 플랫폼에서는 미국의 경우 광고 기반 요금제(월 9.99 달러)와 광고제외 요금제(월 19.99 달러)를 제공하고 있고 국내에서는 2023년 요금 인상을 통해 스탠더드 요금제(월 9,900원)과 프리미엄 요금제(월 13,900원)을 제공하고 있다.

디즈니는 두 서비스를 하나의 앱에 통합해 구독자들이 프로그램에 더 쉽고 다양한 콘텐츠에 접근할 수 있도록 하면서 이용자들이 더 오랜 시간 동안 통합된 앱에 머무는 것을 기대하고 있다고 볼 수 있다. 디즈니 플러스 통합 앱 서비스는 그동안 디즈니가 제공해 온 디즈니 플러스, 훌루 및 ESPN 플러스를 동시에 제공하는 결합상품보다 더 강력한 통합 서비스를 제공하면서 이용자에게 가치를 제공하려는 시도로 볼 수 있다. 이와 같은 통합은 효율성 제고, 비용 절감 효과와 함께 '고객 최적 경험'을 제고하는 하나의 방안이라고도 볼 수 있다.

국내에서도 이와 같은 플랫폼 통합 사례는 진행 중인 이슈라고 볼 수 있다. 국내 OTT 플랫폼 사업자인 티빙과 콘텐츠웨이브(웨이브)는 합병을 위한 양해각서(MOU)를 2023년 말 체결하였고 2024년 5월말 현재 기업가치나 향후 사업 모델 등 합병을 위한 세부 사항을 확정하는 과정을 진행 중에 있다(≪인베스트조선≫, 2024.5.31). 티빙과 콘텐츠웨이브가 합병하게 되면 앞서 언급한 효율성 제고, 비용 절감과 함께 콘텐츠 측면에서의 시너지 효과를 가져올 수 있을 것으로 보인다.

FAST 서비스와 블루오션 전략

3장에서는 지금까지 미디어 플랫폼 서비스 중 SVOD 서비스를 중심으로 최근 당면 문제와 SVOD 사업자가 당면 문제에 대해 이용해 온 전략적 대응을 주로 살펴보았다. 그렇다면 최근 차세대 미디어 플랫폼으로 불리면서 글로벌시장에서 빠르게 성장하고 있는 FAST 서비스는 경쟁전략 이론 관점에서 어떻게 설명될 수 있을까?

여러 미디어 관련 경쟁전략 이론적 관점 중 자주 이용되는 이론적 관점은 미디어 기업이 처한 외부 환경(예: 시장구조 등)에 분석의 초점을 맞추는 산업조직론적 관점(Industrial Organization View: IO View), 조직 내부의 자원분석에 초점을 맞추는 자원준거 관점(Resource-based View: RBV), 가치혁신(value innovation)을 강조하는 블루오션 전략(Blue Ocean Strategy) 등을 들 수 있다. 이와 같은 서로 다른 경쟁전략 이론적 관점을 간단히 소개하고 차세대 미디어 플랫폼으로 불리면서 성장하고 있는 FAST 서비스를 블루오션 전략 관점을 이용하여 분석해 본다.

경쟁전략 이론으로서의 산업조직론적 관점과 자원준거 관점

산업조직론적 관점과 자원준거 관점은 미디어 기업 경쟁전략을 분석하는 전통적·이론적 관점이라고 볼 수 있다. 산업조직론적 관점(IO View)은 기존 산업경제학의 구조-행위-성과(structure-conduct-performance) 패러다임을 기반으로 하여 미디어 기업의 외부 환경과 시장구조가 기업의 전략적 행위와 성과에 영향을 미친다고 보는 관점이다(Chan-Olmsted, 2006).

산업조직론적 관점에서는 미디어 기업이 처한 외부 환경(예: 시장구조)적 요소가 기업전략의 선택에 영향을 미친다고 보고 외부 환경의 변화가 가져오는 미디어 기업의 전략적 행위와 성과의 차이를 분석한다. 단계적으로 보았을 때 산업조직론적 관점은 먼저 기업이 외부 환경을 점검함으로써 경쟁우위를 발견하고, 잠재적 수익률이 높은 산업에 기업을 위치시키며, 다음으로 외부 요인들로부터 얻어낼 수 있는 전략을 형성하고 선택한 전략을 효과적으로 실행시키기 위하여 자원과 스킬을 개발하는 과정을 거치게 된다(Chan-Olmsted, 2006; Hitt, Ireland & Hoskisson, 2001; 이상원, 2022a).

산업조직론적 관점은 경쟁력과 비교우위에 영향을 미치는 외부 요소를 중시한다는 점에서 '외부환경학파'라 불리기도 하며(Küng, 2008), 미디어 기업이 처한 외부 환경과 시장구조가 미디어 기업의 전략적 행동을 결정한다고 본다는 점에서 '외부에서 내부로 향하는 접근법(outside-in-perspective)'라고 불리기도 한다(이상원, 2022a). 산업조직론적 관점의 연구에서는 시장구조와 경쟁 상황 등 산업 현황과 구조에 대한 이해, 규제정책이 기업에 미치는 영향, 기술 및 사회 변화가 기업에 미치는 영향에 대한 분석을 그동안 중시해 왔다고 볼 수 있다(이상원, 2022a).

미디어 기업의 경쟁전략 이론 중 다른 하나의 중요한 관점은 자원준거관점(resource-based view)이다. 자원준거관점은 미디어 기업 내부 자원의 가치와 기업의 역량을 강조하는 관점으로 흔히 기업의 내부 자원과 핵심 역량(core competency)의 분석에 초점을 맞춘다(이상원, 2020).

이와 같은 맥락에서 자원준거 관점은 각 기업이 독특한 자원의 결합체이고, 기업이 보유한 자원이 전략의 기초를 제공하고 기업성과의 차이를 가져온다고 보고 있으며(Hitt, Ireland & Hoskisson, 2001), 기업 내부의 특수한 자원이 기업의 성공과 지속 가능한 경쟁우위에 영향을 미치는 가장 중요한 요소라고 보는 관점이다(Chan-Olmsted, 2006; 이상원, 2020; 이상원, 2022a). 즉, 미디어 기업 내부의 특수한 자원이 기업의 성과와 지속 가능한 경쟁우위에 영향을 미치는 가장 중요한 요소라고 보고 있으며, 기업이 가지고 있는 자원과 능력 및 특정한 전략 환경에서 창출 가능한 경쟁력 분석에 초점을 맞춘다(Barney, 1991). 자원기반 관점에서 자원은 기업이 전략을 고안하고 실행하는 데 이용하는 기업 통제하의 유·무형 자산으로 정의될 수 있으며(Barney & Hesterly, 2012), 기업이 가치가 있고(valuable), 희소하며(rare), 모방 불가능하고(inimitable) 대체될 수 없는(non-substitutable) 자원을 보유하는 데에서 경쟁우위를 확보할 수 있다고 보는 관점이다(이상원, 2020). 자원준거 관점에서는 기업이 다른 기업이 갖지 못한 이러한 자원을 가지고 있을 때 지속적인 초과수익을 획득할 수 있다고 본다(Peteraf, 1993).

자원준거 관점에서 구체적인 자원분석을 위해 밀러(Miller)와 샴시(Shamsie)는 자원을 두 가지 유형으로 분류한다(Miller & Shamsie, 1996). 밀러와 샴시는 자원을 범주화할 때 위에서 언급된 자원의 네 가지 속성을 활용할 수 있을 때 이론적인 측면에서 적용 가능성 및 설명력이 커진다는 점을 강조하면서, 자원을 자산기반 자원(property-based resources)과 지식기반 자원(knowledge-based resources)으로 범주화하였다(Miller & Shamsie, 1996).

자산기반 자원은 특허나 계약 등 재산권에 의해 보호받기 때문에 경쟁기업이 모방 불가능한 자원이며(Miller & Shamsie, 1996), 기업이 소유하는 합법적 자산인 금융자본, 물리적·인적 자원, 콘텐츠 저작권, 방송사 소유권 등은 자산기반 자원에 해당된다고 볼 수 있다. 반면 지식기반 자원은 기업의 무형의 내재적인 노하우와 스킬을 의미하며, 주로 지식의 장벽으로 보호되기 때문에 모방이 불가능한 자원이다(Küng, 2008). 예를 들어 다른 기업이 모방하기 어려운 기술적·관리적 스킬(예: 경영 전문성, 기술관리, 창의적 전문성)은 지식기반 자원에 해당한다고 볼 수 있다(이상원, 2020).

블루오션 전략 관점과 가치혁신

블루오션 전략 관점은 경쟁을 무의미하게 만들고, 경쟁자 없는 새로운 시장 공간을 창출하며, 차별화와 저비용을 동시에 추구하는 '가치혁신(value innovation)'이 기업의 성공을 담보하는 전략이라고 본다(Kim & Mauborgne, 2005).

블루오션 전략에서 가치혁신의 전략적 논리는 기존의 시장에서 경쟁자를 이기는 데 집중하는 대신 구매자와 기업을 위한 가치 도약을 통해 새로운 비경쟁 시장 공간을 창출함으로써 경쟁 자체에서 벗어나는 것을 의미한다(Kim & Mauborgne, 2005). 블루오션 전략 관점에서는 시장에 미개척된 잠재 수요가 많다고 보고 잠재 수요 창출에 초점을 맞춘다. 따라서 블루오션 전략 관점에서는 공급에서 수요로, 경쟁 포커스에서 가치혁신 포커스로의 전환이 필요하다고 본다(Kim & Mauborgne, 2005).

블루오션 전략은 산업조직론적 관점과 같이 기존의 전략에 관한 이론적 관점들의 '시장의 경계와 산업의 조건은 주어진 것이며, 바꿀 수 없다'는 가정을 비판하면서 현실 세계에서는 조직이 직면한 시장의 경계와 산업의 조건을 직접 설정할 수 있다고 보며, 전통적인 전략적 이론적 관점에서 환경적 제약 속에서 성공하려면 차별화와 저비용 중 하나를 전략으로 선택해야 한다는 가정도 현실에 부합하지 않는다고 비판한다(Kim & Mauborgne, 2005).

블루오션 전략에서는 실제적인 전략을 실행하기 위한 4가지 액션 프레임워크를 제시한다. 차별화와 저비용을 동시에 추구하는 가치혁신을 위해서 E-R-R-C(Eliminate-Reduce-Raise-Create) 액션 프레임워크을 이용할 필요가 있다고 본다(Kim & Mauborgne, 2005). 블루오션 전략 관점에서는 E-R-R-C라는 4가지 액션 프레임워크는 업계에서 당연한 것으로 받아들이는 요소들 중 제거(Eliminate)할 요소, 업계의 표준 이하로 내려야(Reduce) 할 요소, 업계의 표준 이상으로 올려야(Raise) 할 요소 및 새롭게 창조해야(Create) 할 요소를 분석하여 적용함으로써 제거와 감소를 통해 원가를 절감하는 동시에 증가와 창조를 통해 구매자의 가치를 증가시키는 가치혁신을 도모하는 전략이 그동안 기업을 혁신과 성공으로 이끌었다고 본다(Kim & Mauborgne, 2005).

FAST 서비스의 E-R-R-C 구성

전술한 블루오션 전략 관점은 최근 차세대 미디어 플랫폼으로 불리면서 글로벌시장에서 급속하게 성장하고 있는 FAST 서비스의 전략을 분석하는 이론적 관점으로서 유용하다. **그림 3-13**은 블루오션 전략에 기초한 시장에서 성공적인 FAST 서비스의 E-R-R-C 구성을 보여주고 있다.

블루오션 전략에서 제시된 4가지 액션 프레임워크 측면에서 보았을 때, 시장에서 성공적인 FAST 서비스는 업계에서 당연한 것으로 받아들

그림 3-13 성공적인 FAST 서비스의 E-R-R-C 구성

이는 요소들 중 기존의 유료방송 서비스나 OTT 서비스의 구독 모델을 이용하지 않았고, 유료방송 허가가 필요 없는 스트리밍 플랫폼을 이용하였고(Eliminate), 오리지널 콘텐츠 제작과 콘텐츠 당 이용자 비용 수준은 기존 유료방송업계의 표준 이하로 내렸다(Reduce). 반면 비용대비 효율성, 이용자 경험, 디바이스 접근성 및 광고 친화성은 업계의 표준 이상으로 올렸으며(Raise), 표적 광고 등 새로운 형태의 광고, 콘텐츠나 채널 추천(큐레이션), 광고 시스템의 투명성은 기존 유료방송 서비스와 비교했을 때 새롭게 제공하고 있다(Create). 따라서 블루오션 전략적 관점에서, 성공적인 FAST 서비스는 제거와 감소를 통해 원가를 절감하는 동시에 증가와 창조를 통해 FAST 서비스 이용자의 가치를 증가시키는 가치혁신 이루었다고 볼 수 있다.

FAST 서비스의 블루오션 전략 캔버스

성공적인 FAST 서비스의 전략은 블루오션 전략 분석에서 흔히 이용되는 전략 캔버스를 통해서도 드러난다. **그림 3-14**는 성공적인 FAST 서비스와 기존의 기본형 유료방송 및 프리미엄 유료방송의 기본적인 비교를 위한 평가 요소와 서비스 이용자들이 느끼는 각 요소에 대한 서비스 수준을 보여준다.

앞서 제시되었듯이 성공적인 FAST 서비스는 기본형 유료방송 및 프리미엄 유료방송과 비교하여 오리지널 콘텐츠 제작과 콘텐츠 당 이용자 비용은 낮은 수준이며, 비용 효율성, 이용자 경험, 디바이스 접근성, 광고 친화성 등은 기본형 유료방송 및 프리미엄 유료방송보다 높은 수준이다. 한편, 성공적인 FAST 서비스는 기존의 프리미엄 케이블 서비스가

그림 3-14 성공적인 FAST 서비스의 블루오션 전략 캔버스

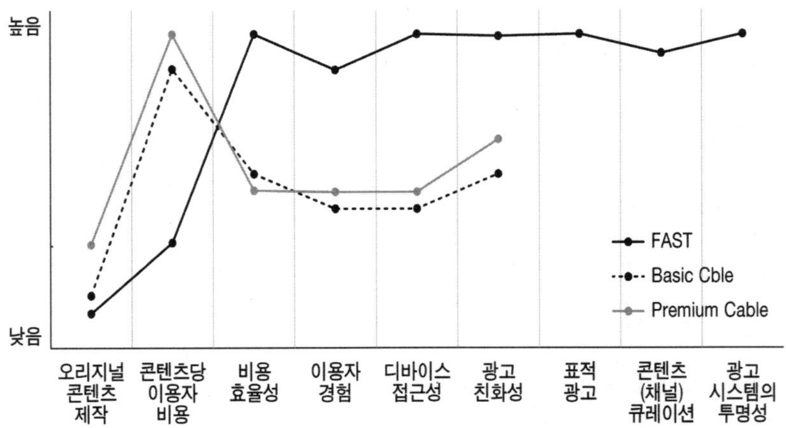

제대로 제공하지 못했던 표적 광고 등 새로운 형태의 광고, 콘텐츠나 채널 추천(큐레이션), 광고 시스템의 투명성 등을 새롭게 제공했다는 점에서 명확하게 차별화된 서비스를 제공하였다고 볼 수 있다. 이와 같은 전략 캔버스는 현재의 시장 공간에서 업계 참가자들의 경쟁 서비스 상황을 알려주며, 고객들이 각 경쟁 서비스로부터 무엇을 얻는지를 명확하게 보여준다는 점에서 전략 분석에 상당히 유용하다(Kim & Mauborgne, 2005; 이상원, 2020).

FAST 서비스의 블루오션 시프트(Blue Ocean Shift)

그림 3-15는 이러한 성공적인 FAST 서비스와 기존의 유료방송 서비스를 비교했을 때 어떻게 블루오션 전략을 통해 새로운 시장을 창출하는지를 좀 더 명확하게 보여준다. 블루오션 전략을 적용해 보았을 때 **그림 3-15**에서 실선은 유료방송산업의 기존 생산성 경계 (모범 사례의 총합)을 나타낸다. 이와 같은 경계는 현재 이용 가능한 기술과 경영의 모범 사례를 통해 기존 유료방송 기업이 달성할 수 있는 최상위 수준의 가치와 이에 상응하는 비용을 나타내며, 기존의 레드오션 전략을 통한 최상의 결과를 의미한다. 기존의 유료방송 시장에서는 구매자 가치와 비용은 정(+)의 관계로서 구매자 가치가 증가하면 비용이 증가하고(예: 위치 1), 반대로 비용이 낮아지면 구매자 가치도 낮아진다(예: 위치 2).

반면, FAST 서비스에서는 E-R-R-C 프레임워크에서 분석되었듯이, 구매자 가치가 높아지는 동시에 상대적 비용도 감소하게 되며, 따라서 점선과 같이 기존 유료방송 산업의 경계를 뛰어넘어 새로운 가치-비용

그림 3-15 성공적인 FAST 서비스의 블루 오션 시프트

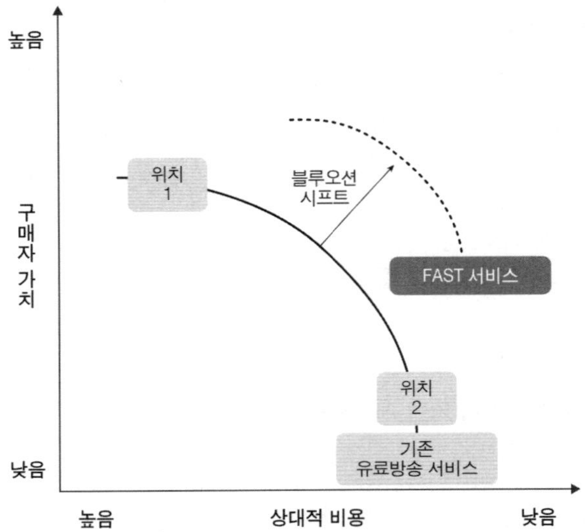

경계로 이동하게 된다. 이런 시장 상황에서는 블루오션이 창출되고, 기존 생산성 경계상에서의 경쟁은 의미가 없게 된다. 블루오션 전략 관점에서는 성공적인 FAST 서비스는 이러한 레드오션에서 블루오션으로 가는 경로를 거치면서 새로운 가치혁신(value innovation)에 도달했다고 볼 수 있을 것이다.

국내 미디어 플랫폼 사업자의 전략 방향 모색

3장에서 다루어 온 스트리밍 사업이 처한 환경변화와 지속 가능한 성장을 위한 전략적 대응, 차세대 미디어 플랫폼으로 불리는 FAST 서비스

의 빠른 성장 등을 고려했을 때 향후 국내 미디어 플랫폼 사업자들은 향후 어떤 전략 방향을 모색할 필요가 있을까?

플랫폼 통합, 스포츠 중계권 확보를 위한 투자 확대 및 FAST 플랫폼과의 제휴

앞서 살펴본 맥스, 파라마운트 플러스, 디즈니 플러스의 플랫폼 통합 사례는 현재 SVOD 시장에 시사하는 바가 크다. 한국을 포함한 글로벌 시장에서 코로나19 기간 동안 SVOD 시장의 급격한 성장기에는 각 플랫폼이 주로 오리지널 콘텐츠 전략을 활용하면서 경쟁력을 강화하려는 전략에 집중했고, 시장 성장과 가입자 수 증가에 대한 기대로 막대한 콘텐츠 투자를 해왔지만, 코로나19 이후 시장 성장세는 예전 같지 않은 상태이고, 코로나19 시기 이후 시장에 부정적 영향을 주고 있는 글로벌 경제 리스크는 OTT 서비스 호퍼의 사례와 같이 이용자들이 예전보다 비용 대비 서비스 혜택에 더 민감해지면서 스트리밍 서비스에 지출하는 비용을 통제하는 경향을 강화하고 있는 것으로 보인다. 이와 같은 상황에서 상당한 규모의 오리지널 콘텐츠 투자에도 불구하고 넷플릭스를 제외한 대부분의 주요 SVOD 사업자들이 빠른 시간 내에 대응 전략을 모색하지 못하면 기존 SVOD 사업에서 경쟁력을 회복하기 어려운 상황이 될 수도 있었다. 이와 같은 상황에서 SVOD 사업자 간 플랫폼 통합은 합리적 선택이라고 볼 수 있다. 향후 SVOD 플랫폼 통합은 비용적 측면에서 효율성을 가져올 가능성이 크다. 특히 콘텐츠 투자비용을 공유하거나 합리적으로 조정할 수 있고, 운영비용 측면에서도 통합의 효과를 기대할 수 있고, 특히 두 플랫폼의 콘텐츠를 이용자에게 제공할 수 있기 때문에 이용자에게도 가치를 제공할 수 있을 것으로 보인다. 국내 미디어 플랫폼 시장에서도 이와 같은 플랫폼 간 통합(예: 티빙과 콘텐츠웨이브 합병)은 긍정적인 효과를 가져올 수 있을 것으로 보인다.

이와 함께 국내 미디어 플랫폼 사업자가 경쟁력을 제고하기 위해서는 다음과 같은 몇 가지를 숙고할 필요가 있다. 첫째, 국내 미디어 플랫폼 사업자들은 글로벌 미디어 플랫폼 사업자와의 뚜렷한 콘텐츠 차별화를 위해 스포츠 중계권 확보를 위한 투자를 현재보다 더욱 확대할 필요가 있어 보인다. 물론 이미 국내 SVOD 사업자인 티빙의 경우 프로야구 중계권 확보에 3년간 약 1350억 원을 투자한 것으로 알려져 있다. 그럼에도 불구하고 대규모 오리지널 콘텐츠 투자의 성공 불확실성 및 오리지널 콘텐츠가 성공하더라도 OTT 서비스 호퍼가 계속 존재한다는 점을 고려하면 인기 스포츠 콘텐츠에 대한 투자는 스포츠 콘텐츠 중계 계약기간 동안 이용자를 유지할 수 있는 좋은 전략이 될 것으로 보인다. 이런 점을 고려한다면 현재의 '종합 엔터테인먼트 성격의 SVOD 서비스'에서 실시간 스포츠 콘텐츠 중계로 앞으로의 서비스 포커스에 변화를 주고 브랜드 이미지 구축도 이에 기반하여 차별화할 필요가 있어 보인다. 이와 같은 차별화 초점의 변화 과정에서 고려되어야 할 점은 실시간 스포츠 중계를 통해 어떻게 이용자에게 현재보다 더 가치(value)를 제공할 수 있을 것인가이다. 예를 들어 생성형 AI 기술 등 AI 기술을 스포츠 중계 등 실시간 방송에 적용하여 플랫폼 내에서 차별화된 이용자 경험(UX)을 제공하는 것도 경쟁력을 유지하는 방안이 될 수 있을 것이다. 이와 함께 필요하다면 국내 미디어 플랫폼 사업자들은 국내시장에서 디즈니, 폭스, 워너 브라더스 디스커버리와 같은 '스포츠 미디어 연합 플랫폼'의 사례를 변형하여 도입하거나 스포츠 중계권에 공동투자하고 수익을 나누는 방식도 모색할 수 있을 것으로 보인다. 넷플릭스와 같은 글로벌 미디어 사업자의 경쟁 우위가 현재 실시간 콘텐츠보다는 일반적인 엔터테인먼트 콘텐츠에 있는 점을 고려한다면 이와 같은 전략은 글로벌 플랫폼과 국내 미디어 플랫폼이 공존하면서 차별화를 통해 경쟁할 수 있는 가능성을 높여줄 수 있을 것으로 보인다.

둘째, 국내 미디어 플랫폼 사업자들은 향후 시장 상황 변화에 따라 FAST 플랫폼과 전략적 제휴를 강화하는 방안을 모색할 필요가 있다. FAST 플랫폼과의 전략적 제휴는 기존 국내 SVOD 사업자들에게 두 가지 측면에서 도움이 될 가능성이 있다. 일단 FAST의 시장 성장 가능성을 고려한다면 SVOD, 저가 광고 기반 SVOD, FAST, IPTV 등 기존 유료방송을 포함하는 결합상품은 기존 국내 SVOD 사업자와 국내 유료방송 사업자들이 기존의 이용자를 유지하는 데 도움을 줄 수 있을 것으로 보인다. 이와 함께, 국내 SVOD, 유료방송 사업자들은 FAST 플랫폼을 통해 간접적으로 해외에 진출할 수 있다. 유료방송 및 SVOD 사업자들은 글로벌 FAST 플랫폼과의 제휴를 통해 추가적인 콘텐츠 수익과 브랜드 인지도를 높일 수 있다. 예를 들어 기존의 유료방송이나 SVOD 콘텐츠를 FAST 채널화하거나 SVOD 플랫폼 브랜드를 유지한 채 FAST 플랫폼 서비스를 병행하는 전략을 활용하면 직접 해외 진출을 하지 않고 간접적으로 해외 진출을 하면서 수익성을 제고할 수 있을 것이다. 특히 국내나 한류 확산 지역에서 성공한 기존 콘텐츠를 FAST를 통해 글로벌시장에서 유통하게 하여 콘텐츠 유통 수명을 연장할 수 있을 것으로 보인다.

오리지널 콘텐츠 전략의 유연화와 콘텐츠 유통의 다각화 전략

스트리밍 사업자들에게 오리지널 콘텐츠 전략은 그동안 필수적인 것으로 여겨져 왔다. 오리지널 콘텐츠 전략을 통해 차별화된 콘텐츠를 독점적으로 제공하고 가입자 수를 증대시키고 다시 콘텐츠에 투자하는 선순환 체계가 스트리밍 사업에서 중요하다고 여겨져 왔기 때문이다. 물론 이와 같은 오리지널 콘텐츠 전략은 향후에도 추구될 필요성이 있지만 최근의 시장 상황을 고려했을 때 유연성이 필요해 보인다. 오리지널 콘텐츠 제작을 위한 막대한 투자에도 불구하고 오리지널 콘텐츠가 항상 성공한다는 보장이 없을 뿐만 아니라 콘텐츠가 성공한 후에도 이용자가 장기간 유지되지 않을 수 있기 때문이다. 결국 미디어 플랫폼 사업자의 경우 중요한 부분은 플랫폼에서 이용자가 구독을 지속하면서 플랫폼 체류시간을 증대키는 것이라고 볼 수 있다. 예를 들어 SVOD 서비스의 경우 가입자 매출을 위해 가입자의 계속적인 유지가 중요하며, 광고 기반 SVOD나 AVOD의 경우 플랫폼 체류시간 증대는 광고주들의 광고비 지불의사를 높여서 결국 광고 수익 증가와 연결되기 때문이다. 물론 다수의 성공적인 오리지널 콘텐츠가 계속 유지된다면 가입자의 계속적인 유지와 체류시간 유지 또는 증대가 가능하겠지만, 성공적인 오리지널 콘텐츠가 계속 연결되지 않는다면 목표 달성이 쉽지 않을 수 있다. 특히 앞서 살펴본 바와 같이 국내 미디어 플랫폼 사업자가 콘텐츠 투자비용 측면에서 열위에 있기 때문에 오리지널 콘텐츠 전략의 유연화는 필요해 보인다. 따라서 최근 맥스나 아마존 프라임 비디오 등 일부 스트리밍 사업자들의 사례와 같이 기존의 오리지널 콘텐츠는 일정 기간이 지난 후

AVOD, FAST뿐만 아니라 외부 SVOD와 IPTV, 케이블 TV까지 유통하는 등 현재보다 더 다각화의 수준을 높일 필요가 있다.

또한 오리지널 콘텐츠를 기획 및 제작하는 단계에서도 AI와 빅데이터를 적극적으로 활용하여 콘텐츠의 흥행 예측에 기반하여 선별적인 콘텐츠 투자를 함으로써 지금보다 투자 효율성을 극대화할 필요성이 있다. 이와 같은 콘텐츠 외부 유통의 활성화와 다각화 및 선별적 투자는 콘텐츠 투자의 효율성 증대와 장기적인 수익개선을 제고할 수 있을 것으로 보인다.

국내 미디어 사업자들의 FAST 전략

미디어 산업의 중심이 스트리밍 플랫폼으로 이동하고 있는 상황은 기존의 국내 유료방송 사업자들이 FAST 서비스를 이전보다 더 주목하게 할 것으로 보인다. 현재 국내 IPTV 사업자들 중 LG유플러스는 국내 스마트TV 사용자들을 대상으로 LG전자와 협력하여 2023년부터 FAST 채널 기획 및 플랫폼을 구축하고 LG 웹OS로 구동되는 LG 스마트TV에서 실시간 채널 5종 등 FAST 채널을 제공하고 있으며, SK브로드밴드는 사업 다각화 측면에서 자사 모바일 B tv에 FAST 형태로 65개 채널을 제공하고 있다(≪팝콘뉴스≫, 2024.4.29).

미국의 유료방송 사업자들은 가입자 수가 급감하고 있는 상황이기 때문에 FAST 서비스 관련 전략 추진에 더 적극적이다. 예를 들어 미국 케이블의 대표적인 사업자들인 컴캐스트와 차터는 스트리밍 케이블 셋톱박스 주모 스트림 박스(Xumo Stream Box)를 FAST, OTT, 유료방송 결합상품으로 제공하고 있다(한정훈, 2023).

국내시장에서는 유료방송 서비스의 가격이 낮은 편이고, 광고 단가가 미국이나 서유럽처럼 높은 수준이 아니기 때문에 국내시장에서 향후 FAST 서비스가 북미시장과 같은 수준으로 급격하게 확산되기는 어려운 구조이기는 하지만 국내에서도 스마트 TV 인프라가 확산되고 다양한 FAST 콘텐츠와 채널이 출시되는 경우 FAST 서비스는 예상보다 빨리 성장할 가능성도 있다. 특히 인플레이션과 높은 수준의 이자율 등 글로벌 경제리스크가 장기화될 경우 광고 기반 서비스인 FAST에 대한 주목도는 더 높아질 것으로 예상된다.

따라서 이와 같은 상황을 고려하면 국내 유료방송 사업자, SVOD 사업자, 지상파 사업자 및 방송채널 사용 사업들에게도 FAST 서비스는 전략적 가치가 충분히 있다고 판단된다. 특히 IPTV 등 기존의 유료방송 사업자들은 CTV(Connected TV)와 기존 콘텐츠를 연결해 주는 플랫폼 역할을 하면서 FAST 채널을 기획하고 출시하는 역할을 하면서 글로벌시장에 진출하는 것도 가능할 것이다.[6]

또한 국내시장에서의 전략적 측면에서도 FAST가 활성화될 경우 SVOD, FAST, 유료방송 등 다양한 결합상품은 IPTV 등 기존의 유료방송 가입자를 유지하는 데도 유효한 전략이 될 수 있으며, 지상파 사업자와 방송채널사용 사업자의 경우 향후 FAST 플랫폼상에서 실시간 채널

---

6) 현재 아마기(Amagi)와 같은 해외 클라우드 기술 기반 방송 소프트웨어 및 서비스 제공업체는 광고 삽입 기술(server-side ad insertion) 등 FAST 및 OTT와 관련된 기술 솔루션을 제공하고 있으며, 글로벌 FAST 사업 진출에서 중요한 역할을 하고 있다.

제공을 확대하는 것도 선택지가 될 것으로 보인다.

특히 향후 미국의 혁신적인 TV 플랫폼 제공업체인 Zone TV의 사례와 같이 장기적으로 AI 기반의 FAST 서비스는 이용자의 취향에 맞는 개인화된 맞춤형 채널과 고도화된 타깃 광고 기술을 통해 사용자에게 맞춤형 광고를 제공하며, 광고주에게 높은 효율성을 제공하면서 성장할 것으로 예상되며, 국내 유료방송 플랫폼 사업자들도 이와 같은 개인화된 맞춤형 채널과 같이 AI 기반의 FAST 서비스를 제공하는 것을 장기적으로 고려할 필요가 있다고 판단된다.

참고문헌

≪경향신문≫. 2024.3.14. "OTT는 왜 스포츠 중계에 나서나 … 핵심은 광고요금제". https://www.khan.co.kr/economy/economy-general/article/202403140951001

노창희. 2023. 『스트리밍 생태계 지형의 변화와 글로벌 OTT 콘텐츠 투자 전략 변화』. 한국콘텐츠진흥원.

≪디지털데일리≫. 2022.9.26. "OTT 광고요금제, 국내서도 통할까?" https://m. ddaily.co.kr/page/view/2022092611164608820

≪미디어오늘≫. 2023.12.10. "넷플릭스 티빙 이어 유튜브마저 가격 인상 … 우회방법 찾는 사람들". https://www.mediatoday.co.kr/news/articleView. html?idxno=314387

손현정·이상원. 2024. 「가입형 OTT 플랫폼 서비스 이용자들의 광고 기반 요금제 전환의도에 관한 연구」. ≪언론정보학보≫ 통권 124호. 50~92쪽.

연합뉴스. 2024.2.8. "디즈니 "폭스·워너브러더스와 새 스포츠 스트리밍 플랫폼 합작"." https://www.yna.co.kr/view/AKR20240208039700075

______. 2024.3.21. "미연준, 금리 5.25~5.50%로 5연속 동결 … 연내 3회 금리인하 전망." https://www.yna.co.kr/view/AKR20240321001553071

≪이데일리≫. 2023.7.21. "'계정공유금지'로 돈 번 넷플릭스, 일본도 시작 ... 한국은?" https://m.edaily.co.kr/news/read?newsId=02591206635676816&mediaCodeNo=257

______. 2024.2.7. "넷플 독주막자 … 디즈니-폭스-워너, 스포츠중계 공동플랫폼 만든다". https://m.edaily.co.kr/news/read?newsId=02338646638788224&mediaCodeNo=257

이상원. 2020. 『디지털 트랜스포메이션과 동영상 OTT 산업』. 한울엠플러스.

______. 2022a. 『ICT와 미디어』. 퍼플.

______. 2022b. 『디지털 전환 3.0 패러다임과 미디어 플랫폼 산업의 미래 전략 및 정책』. 정보통신정책연구원.

≪인베스트조선≫. 2024.5.31. “절박한 SK, 느긋한 CJ 티빙-웨이브 합병 막판 진통.” https://www.investchosun.com/site/data/html_dir/2024/05/30/2024053080179.html

≪팝콘뉴스≫. 2024.4.29. “통신3사, FAST 채널 제공 놓고 다른 선택지 … 고객 호응이 변수.” https://www.popcornnews.net/news/articleView.html?idxno=58499

한국방송통신전파진흥원. 2022.「OTT 스트리밍 서비스의 사업 모델 다각화 전략」. ≪Media Issue & Trend≫, Vol. 50.

______. 2023.「앰페어 애널리시스의 2023년 콘텐츠 투자 전망 및 SVOD의 오리지널 콘텐츠 전략 보고서 소개」. ≪Media Issue & Trend≫, Vol. 54.

≪한국일보≫. 2023.9.25. “할리웃 작가조합 파업 타결 ... 3년 단체협약 잠정 합의”. http://www.koreatimes.com/article/1482536

한국콘텐츠진흥원. 2023a.「수익성 강화로 전환하는 글로벌 OTT 업계 전략 분석」. ≪글로벌 OTT 동향 분석≫, Vol. 1.

______. 2023b. ≪글로벌 OTT 동향 분석≫, Vol. 4.

한정훈. 2023.「사상 초유의 10일간 블랙아웃 차터와 디즈니의 분쟁이 갖는 의미는?」≪신문과 방송≫, 12월호.

The Pabii Research. 2023.11.9. “4분기 실적 호재에 한시름 놓은 디즈니, 밥 아이거 귀환이 디즈니에 미친 영향”. https://pabii.com/news/263740/

Ampere Analysis. 2023. “Streaming services will spend over $8bn on sports rights in 2023.” https://www.ampereanalysis.com/press/release/dl/streaming-services-will-spend-over-8bn-on-sports-rights-in-2023

Antenna. 2023. “Antenna company report.”

Barney, J.B. 1991. “Firm resources and sustained competitive advantage.” *Journal of Management*, 17(1), pp.99~120.

Barney, J.B. & W.S. Hesterly. 2012. *Strategic management and competitive advantage*. Pearson, Upper Saddle River.

Chan-Olmsted, S. 2006. “Issues in strategic management.” In A.

Albarran, S. Chan-Olmsted, & M. Wirth(Eds.), *Handbook of Media, Management & Economics*. Mahwah: Lawrence Erlbaum Associates. pp.161~180

Digital TV Research. 2022. "US SVOD revenues by platform."

______. 2023. "SVOD subscriptions to grow by 321 million." https://digitaltvresearch.com/svod-subscriptions-to-grow-by-321-million

Fortune. 2022. "Netflix turns Wall Street expectations upside down." https://fortune.com/2022/07/19/netflix-earnings-results-streaming-services-subscription-economy

Hitt, M., R. Ireland, & R. Hoskisson. 2001. *Strategic management: Competitiveness and globalization*, Cincinnati: South-Western College Publishing/Thomson Learning.

Hoskins, C., S. McFadyen, & A. Finn. 2004. *Media Economics: Applying Economics to New and Traditional Media*. Thousand Oaks: Sage Publications.

JustWatch. 2023. "Streaming Charts."

Kim, W. C. & R. Mauborgne. 2005. *Blue Ocean Strategy*. Cambridge: Harvard Business School Press.

Kim, W. C., & R. Mauborgne. 2017. *Blue Ocean Shift: Beyond competing - proven steps to inspire confidence and seize new growth*. London: Macmillan.

Küng, L. 2008. *Strategic Management in the Media*. London: Sage.

LSEG Datastream. 2024. "US consumer price index."

Miller, D., & J. Shamsie. 1996. "The resource-based view of the firm in two environments: The Hollywood film studios from 1936 to 1965." *Academy of Management Journal*, 39, pp.519~543.

Parks Associates. 2022. "OTT service-stacking at an all-time high, with 50% of US internet households subscribing to four or more OTT video services." https://www.parksassociates.com/blogs/press-re

leases/07122022

Parks Associates. 2023. "Churn Rate for U.S. Streamers Hits 47 Percent." https://www.parksassociates.com/blogs/in-the-news/churn-rate-for-us-streamers-hits-47-percent

Peteraf, M.A. 1993. "The cornerstones of competitive advantage: A resource-based view." *Strategic Management Journal*, 14, pp.179~190.

Statista. 2024. "Statista Statistics."

TelevisionNewsDaily. 2023. "Streaming users 'hopping' services up 143% since 2017, study shows." https://www.mediapost.com/publications/article/388505/streaming-users-hopping-services-up-143-since-2.html

Wells Fargo. 2022. "Content spend to surpass $140B in 2022. Company Report."

4장

정책과제

미디어 플랫폼 산업에서 정부의 역할은 필요하고 정당화될 수 있는가?

앞서 1장에서 살펴본 바와 같이 코로나19은 디지털 전환(DX)의 전 세계 확산을 촉진했으며, 이에 따라 각 산업 부문에서 디지털 전환 환경은 AI, 빅데이터와 같은 디지털 기술의 전략적 활용과 함께 규모의 경제(economies of scale)의 영향도 커지고 있다. 예를 들어 미디어 플랫폼 산업 영역에서 글로벌 미디어 플랫폼 사업자들은 콘텐츠 규모의 경제를 실현하기 위해 오리지널 콘텐츠와 같은 대규모 콘텐츠 투자비용 부담을 해외 진출을 통해 분산하고 있다.

이와 같이 디지털 전환 환경의 가속화는 미디어 플랫폼 산업에서 규모의 경제 추구를 촉진하는 동인으로 작용하고 있으며, 개별 미디어 기업의 생산성과 효율성이 증가함에도 불구하고 결과적으로는 미디어 시장에서 불완전 경쟁 상태를 초래할 가능성도 내포하고 있다.[1)]

실제 미디어·콘텐츠 시장과 관련된 통계 수치를 다시 살펴보자. 2022년 데이터 추정치를 살펴보았을 때 글로벌 미디어 강국인 미국의 콘텐츠 시장 규모는 한국의 약 16.1배 수준이며, 디지털 미디어 시장 규모는 약 7.23배 수준, 미국 SVOD 시장의 규모는 한국 시장 규모의 13.4배로 추정되고 있다(한국콘텐츠진흥원, 2023; PwC, 2022; Statista, 2023). 이와 같은 통계 데이터에 근거했을 때 국내 미디어 플랫폼 및 콘텐츠 시장의 규

---

1) 규모의 경제는 진입장벽(entry barrier) 발생의 하나의 원인이 될 수 있으며, 진입장벽의 존재는 불완전 경쟁 시장의 발생 원인 중 하나라고 볼 수 있다.

모는 대부분의 글로벌 미디어 플랫폼 기업이 속해 있는 미국 시장 대비 상당히 협소하다고 볼 수 있으며, 따라서 국내 미디어 플랫폼 사업자가 규모의 경제를 실현하기는 상대적으로 어렵다. 결국 이와 같은 규모의 경제 차이는 최근 미디어 플랫폼 시장에서 글로벌 기업과 국내 기업의 경쟁력의 차이를 가져오는 주요한 요인 중 하나라고 할 수 있으며, 이와 같은 관점에서 국내 미디어 플랫폼 기업의 경쟁력 강화와 국내 미디어 시장에서의 지속 가능한 경쟁을 위해서도 정부의 역할은 필요하다.

앞서 1장에서 살펴본 글로벌 미디어 환경변화의 소용돌이 속에서 최근 국내 미디어 산업은 미디어 플랫폼 부문에서 위기를 맞고 있는 한편 방송·미디어 한류 콘텐츠와 관련해서는 기회를 맞고 있다고 볼 수 있다. 2020년부터 2023년까지 국내 SVOD 사업자의 영업손실이 지속되고 있으며, 최근 드라마 제작비 등 방송·미디어 콘텐츠 제작비가 상승 추세에 있음을 고려할 때 국내 SVOD 사업자의 콘텐츠 투자 여력은 감소하고 있으며, 콘텐츠-플랫폼 선순환 생태계의 위기 가능성이 증폭되고 있는 상황으로 보인다(이상원, 2023a). 또한, 최근 유료방송시장은 성장 정체 움직임을 보이고 있으며, 특히 그동안 유료방송 플랫폼 성장을 이끌어 왔던 IPTV 가입자 수도 2023년에는 성장이 확연히 느려지고 있고, 최근 홈쇼핑 사업자의 재무성과도 영업이익이 확연히 감소하는 등 부진한 모습을 보이고 있어 향후 콘텐츠 제작비 상승 추세로 유료방송 선순환 생태계의 지속 가능성에도 문제점이 노출되고 있다고 판단된다.

한편, 국내 방송·미디어 콘텐츠 제작 경쟁력은 2023년 상반기에만 전 세계 넷플릭스 비영어 TV 시리즈 1위에 한국 콘텐츠 9편이 기록될 만큼 높은 수준이며, 글로벌 스트리밍 플랫폼을 통한 한류 콘텐츠 유통은 한류 확산을 가져오고 있으며 현재의 한류 콘텐츠 소비를 통한 글로벌시장에서의 이용자 경험 증가는 미래의 한류 콘텐츠 소비 증가에도 영향을 줄 수 있다는 점에서 국내 방송·미디어 콘텐츠의 글로벌 유통은 국내 미디어 산업에 기회적 측면으로 작용하고 있는 상황이라고 볼 수 있다(이상원, 2023a).

여기서 정책적 측면에서 판단해야 할 문제 중 하나는 국내 미디어 산업 내에서 플랫폼 부문과 콘텐츠 부문이 상당히 이질적인 상황에 처해 있다는 점이며, 현재 국내 플랫폼의 경쟁력과 콘텐츠의 경쟁력은 불균형적인 측면이 상당히 크다는 점이다. 이와 같은 미디어 시장 환경의 급속한 변화 속에서 국내 미디어 산업 생태계의 지속적 성장과 경쟁력 강화를 위한 정부의 국내 동영상 OTT 산업 진흥을 위한 정책대안 마련이 그동안 논의되어 왔다(이상원, 2020).

이와 같은 국내 미디어 플랫폼과 콘텐츠 경쟁력의 불균형 지속은 결과적으로 글로벌 미디어 플랫폼 사업자에 대한 과도한 의존으로 이어지고 결국 글로벌 플랫폼에 의한 국내 미디어 산업 종속이라는 결과를 초래할 가능성을 내포하고 있다(이상원, 2023a). 예를 들어 장기적으로 글로벌 미디어 플랫폼 기업이 국내 제작사가 제작한 콘텐츠의 IP를 영구 독점·소유하는 경우, IP를 활용한 2차/3차 저작물의 활용까지도 글로벌 미디어 플랫폼 기업에 독점될 수 있으므로 한류 콘텐츠 산업의 주도권이 한국이 아닌 글로벌 미디어 플랫폼 기업으로 넘어가고, 저작물이 독점될 수 있는 문제가 존재한다.

이와 같은 문제점과 함께 글로벌 미디어 플랫폼에 대한 국내 미디어 산업의 과도한 의존은 건전한 자국 문화의 적절한 유지와 보존에도 장기적으로 영향을 줄 수 있으며, 국가경쟁력 측면에서도 문제가 될 수 있다. DX 3.0 환경하에서는 국내 미디어 플랫폼 산업의 경쟁력은 전체 미디어 산업의 경쟁력뿐만 아니라 미디어 산업 분야와 연관될 수 있는 이종 기술 및 이종 산업의 경쟁력에도 영향을 미칠 가능성이 있다는 점에서 국내 미디어 플랫폼 산업의 경쟁력은 유지될 필요가 있으며, 이를 위한 정부 정책은 현재 필요하고 정당화될 수 있다고 판단된다. 이와 같은 관점에서 미디어 플랫폼 관련 규제정책에 관한 기존 논의, 해외정책 사례 및 진흥정책 대안 등을 논의하면 다음과 같다.

미디어 플랫폼 규제정책에 관한 기존 논의와 쟁점

미디어 플랫폼 서비스는 최근 시장에서 가파르게 성장하면서 이용자 수가 점차 증가하고 경제적·사회적 영향력도 점차 커지고 있다. 특히 유튜브, 넷플릭스, 디즈니 플러스, 애플TV 플러스 등 다양한 글로벌 미디어 플랫폼 사업자가 이미 국내 미디어 시장에 진입한 상황이다. 특히 글로벌 사업자인 유튜브는 2024년 초 국내에서 1인당 월평균 사용시간이 40시간을 넘었고(연합뉴스, 2024.3.4), 넷플릭스는 2024년 월간 활성 사용자 기준 SVOD 1위 사업자의 위치를 유지하고 있다.

미디어 플랫폼 서비스가 성장하면서 법적인 규제나 가이드라인 없이 해결하기 어렵거나 이전에 없었던 이슈들(예: 미디어 플랫폼 서비스를 통해 폭력을 조장하거나 극도의 혐오 표현을 하는 사례, 이용자 보호 측면에서 효과적인 대처가 어려운 사례, 불법적인 광고를 제공하는 사례, 내용적인 측면에서 과도한 폭력물, 허위 조작 정보, 불법 유해 정보 등)도 등장하게 되었다.

또한 앞서 1장에서 살펴본 바와 같이 DX 3.0 시기로 접어들면서 생성형 AI의 발전과 같이 디지털 전환을 선도하는 기술들이 빠르게 진화하고 시장에서 적용되어 성장하고 있다. 이와 같은 디지털 전환의 심화, 이종 기술 및 이종 산업의 융합이 가속화되고, 한편으로는 글로벌 사업자의 영향력이 점차 커지고 있는 상황에서 국내 미디어 산업 관련 규제체계에 개혁이 필요하다는 점에서는 학계 및 산업계 전문가들 대부분이 동의하고 있는 상황이라고 볼 수 있다. 이는 오랫동안 유지되어 온 기존 방송법 위주의 규제체계가 미디어 이용자와 사업자가 최근 겪고 있는 최근 상황과 정책 이슈를 충분히 해결해 주지 못하고 있다는 점에 모두 공감하고 있기 때문으로 판단된다.

따라서 전체 미디어 규제체계의 일부분으로서 미디어 플랫폼 규제체계 혁신은 ① DX 심화와 이종 기술 및 이종 산업 간 융합에 충분히 정책적으로 대응하면서 미디어 산업 분야에서의 혁신을 도모하고, ② DX 심화가 가져오는 다양한 사회문제에 대응하며, ③ 시장에서 영향력이 커지고 있는 글로벌 미디어 플랫폼 사업자에 대해 적절하게 대응하여 장기적으로 국익(national interest)을 국가 전략적 입장에서 충분히 고려한 것이어야 한다.

그렇다면 미디어 플랫폼 규제체계 도입 관련 그동안의 논의와 그 쟁점은 어떤 것이었을까? 이 책에서는 영상 콘텐츠 중심의 미디어 플랫폼과 관련된 규제개혁 논의와 주요 쟁점을 간단히 다루어본다.

현재 미디어 플랫폼 규제개혁 논의의 중심에 있는 동영상 OTT 서비스와 관련해서는 여러 가지 관점의 차이가 존재한다. 예를 들어 그동안 동영상 OTT 서비스에 대한 규제 문제는 사회적·문화적 정책 이슈 해결을 위해 규제가 필요하다고 보는 입장과 경제적·산업적 문제 해결을 중심으로 보는 입장의 대립, 수직적 규제체계 유지를 선호하는 입장과 수평규제체계 도입에 찬성하는 입장의 대립, 동영상 OTT 서비스를 기존의 방송서비스로 보아 방송서비스가 확장된 서비스로 볼 것인지 또는 기존의 방송과는 차별화된, 다른 서비스로 볼 것인지에 관해서 서로 다른 의견의 대립 등으로 국내에서 사회적 합의가 어려웠다고 판단된다(이상원, 2020).

이와 같은 관점의 차이에 더하여 기존 규제체계의 변화는 기존 정책 거버넌스의 변화 가능성을 의미할 수 있다는 점에서도 쉽게 사회적 합의에 도달하기 어려운 측면이 있다. 또한 미디어 관련 규제체계는 필연적으로 공적 영역(예: 공영방송 등)의 규제체계에 어떻게 변화를 줄 것인가와도 관련성이 있게 되어 '정치성'도 내포하게 되는 측면이 있다. 이와 같이 정책과 제도를 통해 구현하고자 하는 정책적 가치에 대한 관점의 차이, 새로운 기술과 산업을 보는 관점의 차이, 정책 거버넌스 측면에서의 갈등 가능성, 미디어 분야 공적 영역의 정치성 등은 새로운 규제체계로의 변화와 개혁을 어렵게 할 수 있는 요소라고 볼 수 있을 것이다.

그럼에도 불구하고 기존 논의에서의 쟁점 사항을 살펴보는 것은 향후 규제체계 개혁 측면에서의 정책적 해결책을 모색할 때 고려될 필요가 있는 기본적인 요소라고 볼 수 있다.

OTT를 중심으로 한 미디어 플랫폼 규제정책의 쟁점 중 하나는 동영상 OTT 서비스가 기존 방송서비스에 포함될 필요가 있는지에 관한 논의에 관한 것이다. 이와 같은 논의의 예는 2019년 국회 통합방송법안 발의

과정을 들 수 있다. 2019년 국회 발의 방송법 전부개정법률안(통합방송법안)은 동영상 OTT 서비스를 부가 유료방송 사업자와 인터넷방송콘텐츠 제공 사업자로 구분하여 방송법 규제에 포함하는 대안을 제시하였다. 2019년 1월 국회에서 발의된 통합방송법안에서는 방송을 "방송프로그램을 공중(개별계약에 의한 수신자를 포함하며, 이하 '시청자'라 한다)에게 전기통신설비에 의하여 송신하는 것"으로 정의함으로써(대한민국국회, 2019), 기존의 방송법 제2조 1항의 방송의 정의에서 '기획·제작·편성'을 삭제하고 방송의 범위에 동영상 OTT 서비스를 포함하려고 시도하였다. 제시된 통합방송법안에서는 유료방송 플랫폼인 케이블, 위성방송, IPTV 사업자를 '다채널유료방송사업자'로 통합하고 동일한 규제를 적용하며, 동영상 OTT 사업자 중 일부를 '부가유료방송사업자'로 포함하여 방송법안으로 포괄하며, 기존의 방송채널사용 사업자 외에 '인터넷방송콘텐츠제공사업자'를 신설하고, 두 사업자를 포괄하여 '방송콘텐츠제공사업자'로 분류하는 내용을 담고 있다(대한민국국회, 2019). 이와 같은 2019년 1월 국회에서 발의된 통합방송법안은 현재 부가통신사업으로 분류되는 동영상 OTT 서비스의 일부를 방송서비스로 편입하여 규제하는 방안이라고 할 수 있으며, 동영상 OTT 서비스 중 방송서비스와 동일하거나 유사한 서비스를 구별하여, '부가유료방송사업자'와 '인터넷방송콘텐츠제공사업자'라는 방송서비스 지위 부여하고 이들 서비스를 '방송'으로 간주함으로써 방송규제의 영역에 포함하려는 것이 특징이라고 할 수 있다(홍종윤, 2019). 2019년 1월에 제시된 통합방송법안에 대해서는 기존 방송법 규제체제를 유지한 상태에서 유료방송시장에서의 비대칭 규제의 문제를 해결하는 등 일부 동일 서비스 동일 규제의 원칙이 적용되었으나, 기존 방송법 규제체제를 유지하는 대안으로 방송과 통신서비스의 구분 없이 전송 계층과 콘텐츠 계층으로 구분하는 전반적인 수평적 규제체계의 도입은 아니라는 비판이 제기된 바 있다.

미디어 플랫폼 관련 규제체계 개혁에 있어서 추가적 쟁점 중 하나는 기존의 방송법 관련 규제에 유료방송이 포함될 것인가의 여부이다. 2019년 논의 이후 방송통신위원회를 중심으로 수평규제체계 관련해서는 두 가지 대안이 제시된 바 있다. 첫 번째 대안은 전송 계층, 플랫폼 계층, 콘텐츠 계층의 3분류에 기반하고 기존 방송통신서비스 분류체계를 유지하는 대안이라고 볼 수 있다(수평규제체계 A안)(**그림 4-1** 참조). 수평규제체계 A안에서는 플랫폼을 전송 계층으로 구분하지 않고 별도의 플랫폼 계층으로 구분하게 되면 플랫폼의 불공정 거래를 규제하고 이용자 보호를 촉진할 수 있다고 보고 있다(황준호, 2019). 그러나 3분류 계층 모델은 플랫폼 계층을 독립적으로 규제할 수 있는 가능성이 있다는 점에서 정책 이해관계자와 정책 담당자들에게 정책적 일관성을 제공할 수 있다는 장점도 있으나, 플랫폼 계층 내부에 콘텐츠 요소와 네트워크 요소가 혼재되는 상황에서 두 가지 서로 다른 요소를 함께 통합적으로 규제할 경우 기존의 수직규제체계가 다시 적용되어 수평규제체계 도입의 유용성이 사라질 수 있는 단점도 있다고 볼 수 있는 측면이 있다(장병희·강재원, 2015). 수평규제체계 A안에서 네트워크 계층은 지상파, 유료방송 등의 방송망과 범용인터넷망을 포함한 통신망을 의미하고, 플랫폼 계층은 지상파와 유료방송을 포함하는 방송 플랫폼, OTT 플랫폼을 포함하는 시청각 미디어 플랫폼과 기타 콘텐츠 플랫폼을 포함하며, 콘텐츠 계층은 실시간 서비스인 방송채널(공영, 공공서비스, 민영 지상파 PP 등)과 시청각

그림 4-1 수평규제체계 A안

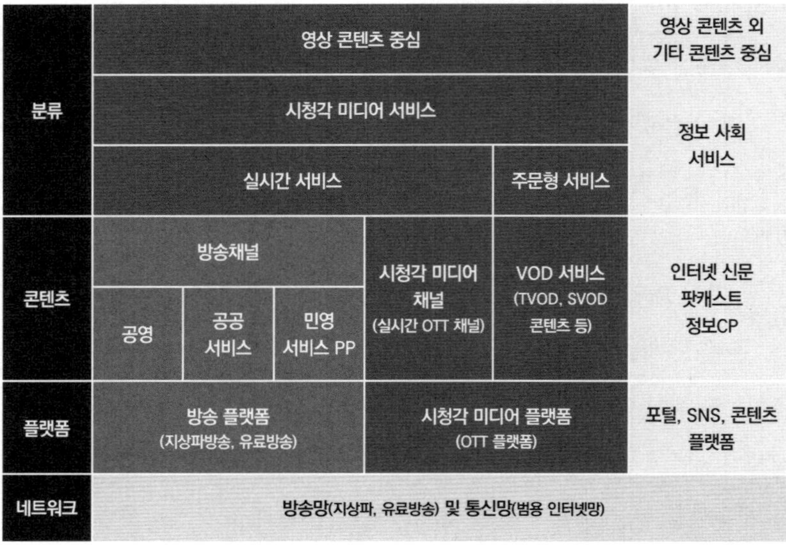

자료: 황준호(2019), 이상원(2020) 수정 및 재구성.

미디어채널(실시간 OTT포함) 및 주문형 서비스인 VOD서비스를 포함한다(이상원, 2020). 영상 콘텐츠 중심인 시청각 미디어 서비스는 이와 같은 실시간 및 주문형 서비스로 구성되어 있으며, 실시간 서비스와 주문형 서비스는 콘텐츠가 이용자에게 시간적으로 일방향으로 제공되는가 또는 양방향적으로 제공되는가에 따라 실시간 서비스와 주문형 서비스로 구분된다(황준호, 2019). 정보사회서비스(예: 인터넷신문, 정보CP)는 영상 콘텐츠 외 기타 콘텐츠 중심의 서비스라고 볼 수 있다(이상원, 2020). 즉, 이와 같은 수평규제체계 대안에서는 유료방송이 방송 플랫폼에 포함된다.

수평규제체계 A안의 문제점 중 하나는 유료방송 서비스에 대한 규제가 과도할 가능성이 높아 유료방송 규제를 완화할 필요가 있다는 점과,

그림 4-2 수평규제체계 B안

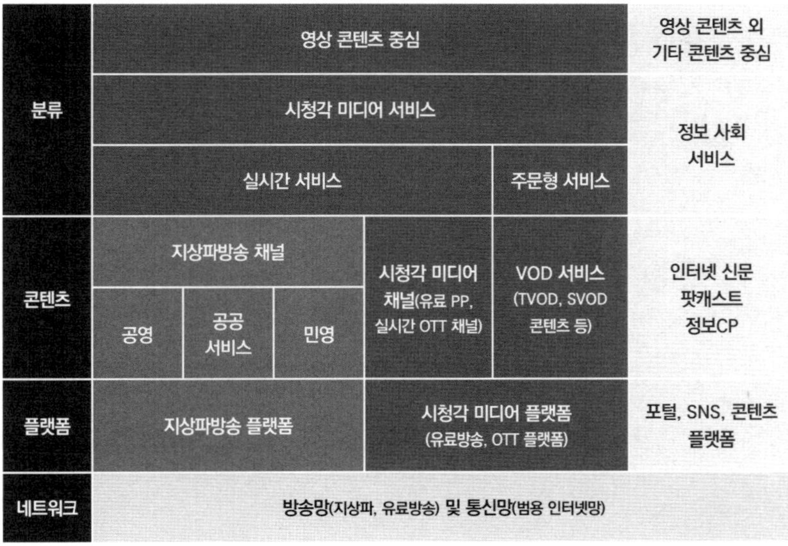

자료: 황준호(2019), 이상원(2022) 수정 및 재구성.

유료방송 플랫폼과 동영상 OTT 플랫폼이 경쟁적인 관계에 있다고 판단할 경우 A안은 유료방송과 동영상 OTT 플랫폼의 차별화된 규제 문제를 해결하기 어렵다는 문제가 제기될 수 있다(이상원, 2020). 또한 기존 방송법으로부터의 경로의존성이 유지될 가능성이 있다(이상원, 2022a).

이와 관련하여 두 번째 수평규제체계 대안으로 논의되고 있는 안은 3계층 분류를 유지하되 방송은 지상파에 한정하는 대안이다(수평규제체계 B안)(**그림 4-2** 참조). B안은 3분류 계층 모델을 이용한다는 점에서는 수평적 규제체계 A안과 유사하다고 볼 수 있다. 3분류 계층 모델은 플랫폼을 전송 계층으로 구분하지 않고 별도의 플랫폼 계층으로 구분하게 되어 플랫폼의 불공정거래 문제를 규제하고 이용자 보호를 촉진할 수 있는 등

그림 4-3 수평규제체계 C안

디지털 미디어 서비스 (방송, 전송)		
구분	공공 미디어사업	디지털 동영상사업
콘텐츠 계층 (제작, 편성, 유통)	방송채널, 전송 콘텐츠	방송채널 전송 콘텐츠
플랫폼 계층 (채널 구성, 콘텐츠 배치, 데이터 수집·축적)	지상파 멀티플렉스(Mux), 공공 OTT	유료방송, 국내외 OTT
네트워크 계층	방송통신 네트워크	

자료: 이종원(2022)

플랫폼 계층을 독립적으로 규제할 수 있는 가능성이 있다는 장점을 가지고 있다(황준호, 2019; 이상원, 2020). 수평규제체계 B안의 특징은 방송은 지상파에 한정하고, 유료방송과 동영상 OTT에 수평적 규제체계를 도입한다는 점이다(이상원, 2020; 이상원, 2022a). 이런 측면에서 수평규제체계 B안은 기존의 방송법 규제체계에 동영상 OTT 서비스를 편입하여 규제하는 방안과 다르며, 지상파방송의 독자적 규제영역은 보존하면서 방송과 인터넷을 아우르는 동영상 서비스의 미래 변화를 반영하는 안이라고 볼 수 있다(황준호, 2019).

세 번째 수평규제체계 대안은 콘텐츠, 플랫폼, 네트워크 3계층 분류를 유지하되 디지털미디어 서비스를 공공영역과 산업영역으로 분류하는 대안이다(수평규제체계 C안)(**그림 4-3** 참조). C안은 3분류 계층 모델을 이용한다는 점에서 수평적 규제체계 A 및 B안과 유사하다고 볼 수 있다. 3분류 계층 모델은 앞서 살펴본 바와 같이 플랫폼을 전송 계층으로 구분하지 않고 별도의 플랫폼 계층으로 구분하게 되어 플랫폼의 불공정거래 문제를 규제하고 이용자 보호를 촉진할 수 있는 등 플랫폼 계층을 독립적으로 규제할 수 있는 가능성이 있다는 장점을 가지고 있다(황준호, 2019; 이상원, 2020). 수평규제체계 C안의 특징은 디지털 미디어사업을 공공 영역과 산업 영역의 사업자로 분류하여, 공공 영역은 공공 미디어사업, 산업 영역은 디지털 동영상 미디어사업으로 분류한다(이종원, 2022). 이와 함께 C안에서는 콘텐츠를 이용자에게 전달하는 사업은 디지털 동영상 미디어 제공 사업(플랫폼 계층), 콘텐츠 서비스를 제공하는 사업은 디지털 동영상 콘텐츠 사업(콘텐츠 계층)으로 구분하며, 네트워크 계층은 전기통신사업법, 전파법의 규율을 적용하는 안이다(이종원, 2022). 이와 같은 C안은 유료방송과 동영상 OTT에 수평적 규제체계를 도입한다는 점에서 **그림 4-2**의 B안과 유사하지만, 공공영역과 산업영역의 사업자를 구분하는 방식이라는 점에서는 B안과 다르다고 볼 수 있다. 특히, 지상파 민영방송이 공공미디어사업이 아닌 디지털동영상콘텐츠사업으로 분류된다는 점에서 A, B안과 다르다고 볼 수 있다. 수평규제체계 C안에서는 디지털동영상 미디어 제공 사업자의 진입규제 수준을 모두 '신고'로 전환하는 경우 현재 글로벌 미디어 플랫폼 사업자의 영향력이 커지고 있는 상황에서 정부가 '등록'을 통해 글로벌 사업자에 대한 최소한의 정보를 보유할 필요가 있다는 점에서 비판이 존재한다.[2)]

---

2) 기존 동영상 OTT 플랫폼은 그동안 부가통신 사업자로서 진입규제 측면에서

표 4-1 자율규제 모델의 4가지 유형

유형	핵심 내용
위임된 자율규제 (mandated self-regulation)	산업 분야에서 일정 집단이 정부가 설정한 프레임워크 내부에서 규범을 마련하고 집행할 수 있는 권한을 정부가 요구하거나 수권받은 자율규제 모델
승인된 자율규제 (sanctioned self-regulation)	집단 스스로가 규제를 형성하되, 정부의 승인을 받는 자율규제 모델
강제된 자율규제 (coerced self-regulation)	산업계 스스로가 규제를 형성하고 시행하지만 만약 해당 행위를 하지 않을 경우 정부가 법률상의 규제를 부과할 것이라는 정부의 위협하에 민간 영역에서 자율규범을 수립하여 집행하는 자율규제 모델
자발적 자율규제 (voluntary self-regulation)	직간접적으로 규제를 촉진하거나 위임하려는 정부의 참여가 존재하지 않는 자율규제 모델

자료: Black(1996), 선지원(2022) 및 이종원(2023) 참조

'신고'를 하는 경우 시장에 진입할 수 있었다. 따라서 글로벌 사업자의 영향력 확대 등을 고려했을 때 '영상 콘텐츠' 중심의 OTT 플랫폼 사업의 경우에는 사회적·경제적 영향력이 큰 사업자(예: 이용자 규모, 매출액, 시가 총액 등이 큰 사업자)의 경우에만 '등록'을 진입규제로 고려하며 반드시 필요한 필수정보만 규제당국에 제출하고 사회적·경제적 영향력이 크지 않은 비교적 소규모의 혁신적인 동영상 OTT 플랫폼 사업자의 경우 여전히 '신고'를 고려할 수 있을 것이다. 또한 기존의 영상 콘텐츠와 기타 콘텐츠 중심인 포털이나 SNS의 경우 특별한 경우를 제외하고 진입규제로서 '신고'를 유지할 수 있는 방안이 검토될 수 있을 것이다.

미디어 플랫폼 관련 규제 관련 추가적 쟁점 이슈 중 하나는 미디어 플랫폼 분야에서의 자율규제의 적용 가능성 여부와 적용 범위라고 볼 수 있다. 자율규제는 규제 방법론적 관점에서 보았을 때 기존 행정규제와 대척점에 있는 규제방식으로서 일정한 영역에서 조직화된 집단이 스스로 그 구성원의 행위를 규율하는 것으로 볼 수 있으며(김상택 외, 2016; 이종원, 2023), 기존의 규제 수범자들이 스스로 기준을 정립하거나 정립된 기준을 집행하는 것 또는 두 가지 모두를 행하는 것과 관련된다(선지원, 2022).

블랙(Black, 1996)은 **표 4-1**과 같이 자율규제체계와 국가와의 관계 설정에 따라 위임된 자율규제, 승인된 자율규제, 강제된 자율규제 및 자발적 자율규제 등 자율규제 모델의 4가지 유형을 구분하였다(선지원, 2022). 이와 같은 자율규제 모델 구분은 기업과 국가와의 관계에서 있어서 비교적 다양한 형태의 자율규제가 가능함을 보여준다고 볼 수 있다.

그렇다면 미디어 플랫폼 산업 분야, 특히 이 책이 초점을 맞추고 있는 영상 콘텐츠와 관련되는 방송미디어 플랫폼 분야에서의 자율규제의 적용 가능성 여부와 적용 범위를 판단할 필요가 있을 것이다.[3] 이와 같은 논의와 관련하여 최근 이종원(2023)은 전문가 델파이 조사에서 방송미디

---

3) 이와 같은 자율규제 적용에 관한 논의는 영상 콘텐츠 중심이 아닌 온라인 플랫폼 규제와 관련하여 최근 더 많은 논의가 있었다고 볼 수 있다. 예를 들어 2022년 8월 '플랫폼 민간 자율 기구'가 출범하면서 갑을, 소비자·이용자, 데이터·AI, 혁신공유·민관협력(거버넌스) 등 4개 분과에서 자율규제 방안이 발표된 바 있다(이수엽, 2024). 그러나 2024년에는 플랫폼에 대한 강력한 규제 내용을 포함하는 '플랫폼 공정경쟁촉진법(플랫폼)' 제정 논의가 지속된 바 있다.

어 분야가 '민간 주도의 자율적인 기술발전이 중요한 분야', '규제자와 피규제자 간 정보 비대칭성이 큰 분야', '표현의 자유 등 수호해야 할 가치가 있는 분야'라는 질문에 국내 전문가들이 긍정적으로 동의하는 것을 발견하였으며, 방송미디어 분야 중 OTT와 유료방송 플랫폼 분야는 자율규제가 비교적 적합한 분야라는 것에 전문가들이 동의함을 발견하였다. 이와 같은 연구결과는 미디어 분야 중 비교적 공공성이 상대적으로 강하지 않은 OTT와 유료방송 플랫폼 등의 민간 영역 부문에서는 자율규제의 일부 적용 가능성을 기대할 수 있음을 시사한다고 볼 수 있다.

해외정책 사례

미디어 플랫폼 산업에 영향을 미칠 수 있는 해외정책 사례로는 EU, 미국, 영국, 독일 등의 일부 규제정책 사례를 살펴볼 필요가 있다. 특히 EU의 정책사례는 OTT 플랫폼뿐만 아니라 대규모 온라인 플랫폼 사업자에 대한 규제를 실행에 옮기고 있으며, 최근 이슈화되고 있는 인공지능 관련 법안도 비교적 상세하게 제시되고 있다는 점에서 향후 면밀하게 고찰될 필요가 있다고 판단된다. 다만, EU의 시장 상황과는 다르게 국내에서는 글로벌 플랫폼에 대응하고 경쟁하고 있는 국내 플랫폼이 각 분야에서 존재한다는 점은 향후 정책 도입에 관한 논의에서 고려할 필요성이 있다고 판단된다.

유럽연합(EU)의 시청각 미디어 서비스 지침(AVMSD) 개정

미디어 플랫폼과 관련한 최근 EU의 규제정책 변화 중 가장 중요한 것 중 하나는 EU의 2018년 시청각 미디어 서비스 지침(Audiovisual Media Services Directive: AVMSD) 개정이라고 볼 수 있다.

EU는 2010년 시청각 미디어 서비스 지침(AVMSD)을 통해 시청각 미디어 서비스를 TV 방송 또는 선형(linear) 시청각 미디어 서비스와 주문형(on-demand) 혹은 비선형(non-linear) 시청각 미디어 서비스로 분류하고 선형 시청각 미디어 서비스는 '프로그램 편성표(programme schedule)에 기반을 두고 프로그램의 동시 시청을 위하여 미디어 서비스 사업자가 제공하는 시청각 미디어 서비스'를 지칭하고 주문형 시청각 서비스(On-demand AVMS: ODAVMS)는 '미디어 서비스 사업자가 구성한 프로그램 카탈로그(catalogue of programmes)를 기반으로 이용자가 선택한 프로그램을 이용자의 요청에 따라 프로그램을 시청할 수 있게 제공하는 시청각 미디어 서비스'를 지칭하여 이와 같은 정의를 통해 기존 TV 방송뿐만 아니라 VOD 서비스도 규제 대상에 포섭하였다(최숙외, 2023).

2010년 이후에도 기존 TV 방송의 영향력 저하, 인터넷 VOD 서비스의 약진, 미디어 서비스의 글로벌화, 동영상 공유 플랫폼 서비스의 약진이 지속되면서 EU는 2018년 AVMSD을 개정하게 된다. 2018년 개정 AVMSD는 동영상 공유 플랫폼 서비스(Video Sharing Platform Service, VSP)의 개념을 정의하여 넷플릭스나 유튜브, 페이스북 등의 플랫폼을 규제 적용 대상으로 포섭하는 한편 TV 방송에 대한 규제를 완화하고 넷플릭스와 같은 ODAVMS에 대한 새로운 규제(예: 유럽 제작물 쿼터제)를 도입하였으며 시청각 미디어 서비스에 대한 범위를 확대하였다(최숙외, 2023).

구체적으로 2018년 개정 AVMSD는 주문형 서비스 및 동영상 공유 플랫폼에 대한 내용 규제를 강화하였다. 예를 들어 넷플릭스와 같은 VOD 서비스는 인종, 성별, 종교, 국적 등을 바탕으로 한 혐오 발언을 허용하지 않으며, 위반 시 수신이 제한될 수 있고, 미성년자에게 해로운 콘텐츠의 경우 사전 정보 제공의 의무가 있고, 이러한 콘텐츠는 암호화와 같은 방법을 통해 미성년자의 접근을 제한해야 할 의무가 있다(최숙외, 2023). 또한 VSP는 유해한 콘텐츠로부터 청소년이나 일반 공중을 보호할 수 있는 적절한 조치를 취하도록 제도를 정비할 것을 규정하고 VSP 사업자들은 ① 미성년자들을 이들의 육체적, 정신적, 또는 도덕적 발전을 저해할 소지가 있는 프로그램, 이용자 제작 동영상, 또는 상업적 시청각 커뮤니케이션(audiovisual commercial communication)으로부터 보호하기 위한 목적, ② 일반 공중에게 폭력이나 혐오를 조장하는 프로그램, 이용자 제작 동영상 또는 상업적 시청각 커뮤니케이션으로부터 보호하기 위한 목적, ③ 일반 공중을 유해한 내용, 가령 범죄(특히 테러 범죄)를 공개적으로 조장하는 도발적 내용을 포함하거나 유포될 경우 아동 포르노 관련 범죄 또는 인종 차별 및 인종 혐오 관련 범죄로 취급되는 내용을 포함한 프로그램, 이용자 제작 동영상 또는 상업적 시청각 커뮤니케이션으로부터 보호하기 위한 목적으로 제도를 정비해야 할 의무가 있다(최숙외, 2023). 이와 함께 일반 방송광고에 대한 규제가 VSP에도 적용이 되어, ① 광고와 프로그램의 분리원칙을 준수하고 은폐광고나 잠재의식 자극기법의 금지, ② 인간존엄성의 훼손 금지, ③ 성별이나 인종 등을 이유로

한 차별 금지, ④ 담배 및 처방의약품 광고 금지 및 주류 관련 제한 등이 있게 되었다(최숙외, 2023).

이와 함께, 2018년 개정 AVMSD는 기존 TV 및 라디오방송을 대상으로 한 광고 기준을 대폭 완화하였다. 예를 들어 시간당 광고 총량제에서 일일총량제로의 전환, 중간광고 규제 변경, 간접광고의 규제 방식을 원칙적으로 허용하되 일부 금지하는 방식으로의 변경 등 기존 방송광고 규제가 완화되었다.

또한 2018년 개정 AVMSD는 기존 선형 시청각 미디어 서비스 사업자에게만 부과되었던 유럽산 제작물 쿼터제를 ODAVMS(예: 넷플릭스 등 SVOD 사업자) 사업자에게도 적용하였다. 즉, 개정 AVMSD는 주문형 시청각 미디어 서비스 사업자가 카탈로그 내 유럽산 제작물을 30% 이상으로 유지하도록 할 것과 유럽산 제작물의 현저성을 보장하는 조치를 취하도록 강제할 것을 규정하였으며, EU 회원 국가들이 미디어 서비스 제공자들에게 유럽 작품 제작을 위한 재정적 지원을 요구할 때, 해당 국가의 영토에서 방송을 하지만 다른 회원국에서 설립된 미디어 서비스 제공자들에게도 역시 재정적 기여를 요구할 수 있다는 조항을 신설하였다(최숙외, 2023).

아울러 2018년 AVMSD 개정안은 '시청각 미디어 서비스' 정의를 확장하여 정보, 오락, 교육 프로그램을 일반 대중에게 제공하는 별도의 서비스도 포함하도록 표현을 추가하고 VSP의 주요 특징으로 ① 다량의 프로그램과 사용자가 만든 동영상을 포함하나, 서비스 사업자는 편집에 대한 권리가 없음, ② 콘텐츠의 배열은 주로 자동화 도구나 알고리즘에 의해 결정, 특히 전시, 태깅, 배열 등을 통해 결정될 것, ③ 주요 목적은 일반 대중에게 정보, 오락, 교육 프로그램을 제공하는 것이며, ④ 전자통신망을 통해 해당 서비스를 제공할 것을 명시하였다(최숙외, 2023).

이와 같이 EU 2018년 AVMSD 개정은 기존 방송서비스에 대한 규제 완화와 함께 SVOD와 일부 AVOD 서비스와 같은 일부 OTT 서비스의 수평적 규제체계 포함으로 요약할 수 있다.

유럽연합의 디지털 서비스법(DSA)과 디지털 시장법(DMA)

유럽연합 집행위원회(European Commission: EC)는 디지털 플랫폼과 관련하여 2020년 12월 15일 디지털 서비스법(Digital Services Act: DSA)과 디지털 시장법(Digital Markets Act: DMA)으로 구성된 두 가지 입법 제안서를 발표하였다. DSA는 2022년 7월 유럽의회(European Parliament)에서 승인되어 2022년 10월에 제정되어 2023년 8월부터 시행되었으며, DMA는 2024년 3월부터 전면 시행되었다.

이와 같은 DSA와 DMA의 주요 목표는 EU 역내에서 디지털 서비스 이용자의 기본적인 권리 보호와 신뢰 가능한 온라인 환경을 만들고, EU 시장 및 글로벌시장에서의 혁신과 경쟁을 촉진하기 위한 공정한 디지털 시장을 확립하는 것이라고 볼 수 있다(김병일, 2022; 정인숙, 2023).

DSA 법안에서는 1차로 서비스의 내용에 따라 온라인 사업자를 온라인 중개서비스(intermediary) 제공자, 호스팅(hosting) 서비스 제공자, 온라인 플랫폼(online platform) 제공자로 나누고, 이어서 2차로 온라인 플랫폼을 규모에 따라 일반적인 온라인 플랫폼과 대규모 온라인 플랫폼으로 사업자 구분을 하고 있다(박찬경, 2022). DSA 법안에서는 원칙적으로 모든 온라인 중개서비스 제공자를 규율 대상으로 하고 있으며, 중개서비스 제공자의 유형을 ① 서비스 이용자가 제공하는 통신 네트워크 내의 정보 전송 또는 통신 네트워크에 대한 접근 제공으로 구성된 '단순 전달(mere conduit)' 서비스, ② 서비스 이용자가 제공한 정보의 통신망 내 전송으로 구성되는 '캐싱(caching)' 서비스, ③ 서비스 이용자가 제공한 정보의 저장 및 요청에 따라 정보를 저장하는 '호스팅 서비스'로 구분하며, '온라인 플랫폼'은 이용자의 요청에 따라 정보를 저장하고 일반 대중에게 정보를 배포하는 호스팅 서비스 제공자로 정의하고 있다(곽정호, 2023; 박찬경, 2022).

DSA는 서비스 제공자의 주소지와 관계없이, EU 내에 설립되거나 거주지를 두고 있는 이용자에게 서비스를 제공하는 모든 중개서비스 제공자를 적용 대상으로 한다는 점이 특징적이라고 볼 수 있다. 중개서비스 제공자에게는 법적 단일창구(single point of contact)와 법률대리인을 선임해야 하고, 투명성 의무의 차원에서 제공 약관에 일정한 정보를 담고 연례적으로 규제기관에 보고해야 하는 등 관리적 성격의 의무를 부과하고 있다(곽정호, 2023). 호스팅 서비스는 정보의 저장 및 접근 권한을 이용자에게 제공하기 때문에 불법적 콘텐츠와 연관하여 매우 중요한 매개로 기능할 우려가 있으므로, 호스팅 서비스 제공자는 통지와 조치(notice and action)에 적절한 메커니즘을 갖추고 서비스를 제공할 의무를 부담하며, 불법적인 콘텐츠라는 인식을 지녔음에도 불구하고 제거 또는 비활성화 조치를 취하지 않은 경우에는 책임이 발생한다(곽정호, 2023).

특히 DSA는 대규모 플랫폼 업체의 사회적 영향력 등을 고려하여 구글, 아마존 등 대규모 온라인 플랫폼(Very Large Online Platforms: VLOP)[4]에 대해서는 별도의 강력한 의무를 부과하고 있다. 구체적으로 DSA는 ① 불법적인 내용 전파를 통한 서비스의 불법적 이용행위의 위험을 방지할 의무, ② 표현과 정보의 자유, 사생활의 자유, 차별을 받지 않을 권리, 아동의 권리 등과 같은 헌법상 기본권에 대한 부정적 위험을 방지할 의무, ③ 대규모 온라인 플랫폼이 제공하는 서비스의 의도적·설계된 조작으로 인한 위험방지, ④ 대규모 온라인 플랫폼에 대한 일반 온라인 플랫폼보다 더 엄격한 투명성을 의무화 하는 등의 내용을 포함하고 있다. 이와 함께 VLOP에 대해서는 불법적 서비스 오남용, 기본권에 미치는 부정적인 영향 등 체계적 위험(systematic risk)에 대한 영향 평가를 요구하는 등의 규제 내용도 포함하고 있다(정인숙, 2023).

한편 DMA는 EU 단일 시장의 디지털 부분에서 시장지배력을 보유하거나 시장지배력 보유가 예견되는 "게이트 키퍼(gatekeeper)"[5]에 대한 사전 규제 도입에 초점을 맞추고 있으며, EU 역내의 디지털 부분에서 경

4) 대규모 온라인 플랫폼은 EU에서 4500만 명 이상의 월간 활동 이용자를 보유한 온라인 플랫폼을 말하며, 이는 전체 EU 인구의 10%에 해당하는 수치에 해당한다(곽정호, 2023). EU는 디지털 서비스법 시행을 위해 2023년 4월에 아마존, 애플, 메타, 틱톡, 유튜브 등의 글로벌 플랫폼 19개를 대규모 온라인 플랫폼(VLOP)으로 지정한 바 있다.

5) 흥미로운 부분은 게이트 키퍼가 반드시 시장지배적인 지위에 있는 사업자에게만 한정되지 않는다는 점이다. EU는 경쟁법과는 달리 "게이트키퍼"에 한정해 그들의 행위가 초래하는 구체적 효과와 상관없이 시장을 경합적이고 공정하게 유지하기 위한 새로운 규제 수단을 도입할 필요가 있다고 본 것으로 해석될 수 있는 부분이다(김병일, 2022).

합적(contestable)이고 공정한(fair) 시장의 보장을 위해 필요한 통일된 규칙 제정을 목적으로 한다고 볼 수 있다(김병일, 2022; DMA 제1조 1항 참조). DMA의 정책목표는 소수의 거대 플랫폼 사업자들의 독과점 상태를 규제함으로써 새로운 사업자들이 출현할 수 있는 발판을 만들면서 플랫폼 사업 이용자(business user)와 최종 사용자(end user)들에게도 플랫폼 산업의 과실이 공정하게 돌아가게 하는 것으로 해석될 수 있다(김병일, 2022).

DMA의 규제 대상은 대규모 플랫폼으로서 사업이용자와 최종사용자 사이의 게이트 키퍼로서 활동하고, 견고하고 영속적인 지위를 누리는 사업자로서 진입장벽을 강화한 사업자만을 의미하는 것으로 해석되고 있으며, 이와 같은 DMA의 규제 대상 사업자는 디지털 시장에서 상당한 영향력을 가진 게이트키퍼로 불리는 핵심 플랫폼 서비스(core platform services: CPS)[6] 사업자들이다(DMA 제2조 참조).

CPS가 게이트키퍼로 지정되어 DMA의 적용을 받게 되는 3가지 요건은 ① 역내 시장에 상당한 영향력(a significant impact on the internal market)을 가질 것, ② 사업 이용자들이 최종 이용자들에게 닿는 중요한 관문(important gateway for business users to reach end users)으로서 기능하는 핵심 플랫폼 서비스를 운영할 것, ③ 운영하는 서비스와 관련해

6) DMA가 CPS로 한정하여 열거한 8가지 서비스는 다음과 같다. ① 온라인 중개서비스, ② 온라인 검색 엔진, ③ 온라인 소셜 네트워킹 서비스, ④ 동영상 공유플랫폼 서비스, ⑤ 번호독립 개인간 통신 서비스(WhatsApp 등), ⑥ 운영 체제(OS), ⑦ 클라우드 컴퓨팅 서비스, ⑧ 위 7가지 서비스를 제공하는 기업에 제공하는 광고 서비스(DMA 제2조 2항).

확고하고 견고한(entrenched and durable) 지위를 갖고 있거나 가까운 장래에 이러한 지위를 누리는 것이다(DMA 제3조).[7)]

이와 같은 게이트키퍼 지정 기준에 따라 EU는 구글의 모회사인 알파벳, 바이트댄스,[8)] 아마존, 애플, 메타, 마이크로소프트, 부킹닷컴 등 7개 기업을 게이트키퍼로 지정한 바 있다.

유럽연합의 인공지능법(AI Act)

EU 집행위원회는 2021년 4월 AI 시스템에 대한 포괄적인 규제안을 제안하였고, 2022년 12월 EU 이사회는 AI의 개념, 분류 기준과 그것의 요구사항 및 범용 목적 AI 규제 등을 담은 수정안을 채택하였으며, 2023년 5월 EU 의회가 법안 수정안을 마련한 후 2023년 6월 유럽의회에서

---

7) DMA는 DMA의 적용을 받는 3가지 요건을 언급하면서 3가지 요건의 정량적 추정 기준에 대해서도 설명하고 있다. 예를 들어 "역내 시장에 영향을 미치는 규모(a size that impacts the internal market)"의 경우 회원국 중 최소 3개국에서 CPS를 제공하고, 지난 3년간 유럽 경제 지역 내 연간 매출액이 75억 유로 이상이거나 지난해 평균 시가총액 또는 시장 가치가 750억 유로(약 107조 원) 이상인 사업자는 첫 번째 요건에 해당하는 것으로 추정하고 있다.

8) 최근 소셜 미디어 플랫폼 틱톡 모회사 바이트댄스는 유럽연합의 '게이트키퍼' 기업 지정에 반발해 제기한 소송에서 패소했다. EU 고등법원은 2024년 7월 17일 틱톡을 DMA의 '게이트키퍼' 기업으로 지정한 결정을 취소해 달라는 바이트댄스의 항소를 기각하면서 "틱톡이 글로벌 시장가치, EU 내 사용자 수 등 DMA가 규정하는 게이트키퍼 기업의 기준을 충족했다"며 "상당한 시장 점유율을 가진 대형 온라인 플랫폼을 게이트키퍼로 간주해야 한다"고 밝힌 바 있다(ZDNET Korea, 2024.7.18).

수정안이 채택되었다(강진원·김혜나, 2024). 2023년 6월에 채택된 'EU 인공지능법(EU AI Act)'은 유럽연합(EU)에서 인공지능(AI) 기술의 사용과 개발을 포괄적으로 규제하기 위한 법안으로 볼 수 있다. 이 법안은 EU 시민들이 AI를 신뢰할 수 있도록 AI 시스템의 안전성과 투명성을 보장하고, AI 기술의 사회적·윤리적 영향을 관리하면서도, AI 분야의 우수한 생태계를 조성하고, AI 분야의 글로벌 역량, 경쟁력 및 혁신을 촉진하는 것을 목표로 한다고 볼 수 있다(강진원·김혜나, 2024).

EU 인공지능법은 위험 수준에 따라 AI 시스템에 대한 규제 수준을 차등화하는 '위험 기반 접근법(risk-based approach)'을 취하고 있다고 볼 수 있다(이해원, 2024). 즉, EU 인공지능법은 인간의 건강과 안전, 그리고 기본권에 미치는 위험(risk) 정도에 따라 고위험(high-risk) AI 시스템을 설정하고 이를 규제하는데, 인간의 건강 안전 기본권 등에 중대한 위험을 발생시킬 수 있어 특별한 예외가 없는 한 절대적으로 '금지'하는 '금지된(prohibited) AI 시스템'과 '고위험(high risk) AI 시스템'에 대해서는 엄격한 요구사항을 부과하고, '저위험' 또는 '최소한의 위험'을 생성하는 AI는 별도의 정의 규정을 두지 않고, 투명성 의무를 부담하는 것 외에는 특별히 강제되는 규제는 없다고 볼 수 있다(이해원, 2024; 강진원·김혜나, 2024).

예를 들어 ① 잠재의식적, 조작적 또는 속임수 기법으로 인간의 의사결정을 왜곡하는 경우, ② 사람이나 특정 단체의 취약성 활용하는 경우, ③ 특정 사람 또는 단체에 불공정한 처우 또는 사회적 점수 평가 또는 분류를 목적으로 하는 경우, ④ 실시간 원격 생체인식 식별시스템을 이용하는 등의 AI 활동은 금지된다(강진원·김혜나, 2024).

또한, AI 시스템이 제품의 안전 구성요소로 사용되거나 AI 시스템 자체가 EU 법규의 적용을 받는 제품(기계류, 장난감, 엘리베이터, 케이블카, 의료기기, 수상기기, 항공기기, 철도시스템, 자동차 등)인 경우와 ① EU 또는 국내법에 따라 허용되는 생체인식 시스템(원격 생체인식 시스템, 생체 분류 시스템, 감정 인식 시스템), ② 기반 시설(critical infrastructure) 시스템, ③ 교육 및 직업 훈련 시스템(교육/훈련 기회 결정, 학습 결과 평가, 응시자 시험감독), ④ 고용, 근로자 관리 시스템, ⑤ 필수 공공 및 민간 서비스의 접근과 향유 관련 시스템, ⑥ 법 집행 및 치안 시스템, ⑦ 이민, 망명, 출입국관리 시스템, ⑧ 사법 및 민주적 절차 관리 시스템 등은 고위험 AI 시스템으로서 매우 높은 수준의 요구사항을 부과하고 있다(이해원, 2024).

이와 함께 EU 인공지능법은 생성형 AI에 대해서도 ① 콘텐츠가 AI에 의해 생성되었다는 것을 밝히고, ② 불법 콘텐츠를 생성하는 것을 방지하기 위한 모델 설계가 있어야 하며, ③ AI 학습을 위해 저작권법상 보호대상인 데이터를 사용하는 경우 주요 내용을 공개할 의무 등과 같은 투명성 요구사항을 준수해야 함을 규정하고 있다(정인숙, 2023; 강진원·김혜나, 2024).

미국의 플랫폼 반독점 패키지 5대 법안

미국의 경우 디지털 플랫폼과 관련된 입법 시도는 바이든 행정부 출범 직후 2021년 6월 발의된 '플랫폼 반독점 패키지 5대 법안'을 들 수 있다. 2021년 6월 미국 연방 하원에서 발의된 '플랫폼 반독점 패키지 5대 법안'은 플랫폼 사업자가 디지털 경제에서 심판(노출순위 결정)과 선수(플랫폼 이용업체와 상품·서비스 판매 경쟁) 지위를 겸하는 데서 오는 이해상충(conflict of interest)을 폐해의 근원으로 전제하고, 사업 확장 제한 등의 사전 규제와 이해상충의 소지가 있는 행위 자체를 금지하는 사후규제 등 전례 없이 강한 규제안을 담고 있다(이상원 외, 2022b). 플랫폼 반독점 패키지 5대 법안은 주로 대형 기술 플랫폼의 독점적 지위를 제한하고, 경쟁을 촉진하며, 소비자 보호를 강화하는 데 목적이 있다고 볼 수 있다.

5대 법안 중 플랫폼 독점 종식법(Ending Platform Monopolies Act)은 지배적 플랫폼들이 여러 사업 분야에 걸친 통제력을 레버리지로 이용하여 자유롭고 공정한 경쟁을 저해하는 방식으로 자기 우대하고 경쟁사를 불리하게 하는 능력을 제거하는 데 목적이 있는 법안이고, 미국 온라인 혁신과 선택법(American Choice and Innovation Online Act)은 지배적 플랫폼들에 의한 차별적인 행동을 금지하는 내용이고, 플랫폼 경쟁 및 기회법(Platform Competition and Opportunity Act)은 지배적 플랫폼들에 의한 경쟁위협기업 인수는 물론 온라인 플랫폼의 시장력을 확대하거나 고착시키는 인수를 금지하였다. 이와 함께, 호환성 및 경쟁 증진법[Augmenting Compatibility and Competition by Enabling Service Switching (ACCESS) Act]은 상호 운용성 및 데이터 이동성 요구를 통해 업체들과 소비자들의 진입장벽과 전환비용을 낮춤으로써 온라인에서의 경쟁을 촉진하는 법안이라고 볼 수 있고, 합병 신청 수수료 현대화법(Merger Filing Fee Modernization Act)은 합병신청 수수료를 갱신하여 법무부와 연방거래위원회가 반독점법을 적극적으로 집행하는 데 필요한 재원을 확보하고자 하는 목적으로 발의되었다고 볼 수 있다(설성호, 2021)(**표 4-2** 참조).

표 4-2 미국 온라인 플랫폼 규제 패키지 5대 법안(2021년 6월 발의)

법안	핵심 내용
플랫폼 독점 종식법 (Ending Platform Monopolies Act)	지배적 플랫폼들이 여러 사업 분야에 걸친 통제력을 레버리지로 이용하여 자유롭고 공정한 경쟁을 저해하는 방식으로 자기 우대하고 경쟁사를 불리하게 하는 능력을 제거
미국 온라인 혁신과 선택법 (American Choice and Innovation Online Act)	지배적 플랫폼들에 의한 차별적인 행동을 금지
플랫폼 경쟁 및 기회법 (Platform Competition and Opportunity Act)	지배적 플랫폼들에 의한 경쟁 위협 기업 인수는 물론 온라인 플랫폼의 시장력을 확대하거나 고착시키는 인수를 금지
호환성 및 경쟁 증진법 (Augmenting Compatibility and Competition by Enabling Service Switching Act)	상호 운용성 및 데이터 이동성 요구를 통해 업체들과 소비자들의 진입장벽과 전환 비용을 낮춤으로써 온라인에서의 경쟁을 촉진
합병 신청 수수료 현대화법 (Merger Filing Fee Modernization Act)	합병신청 수수료를 갱신하여 법무부와 연방거래위원회가 반독점법을 적극적으로 집행하는 데 필요한 재원을 확보

자료: 설성호 (2021); ≪법률신문≫(2024.8.19)

그러나 이와 같은 법안들은 117대 미 의회가 회기 내에 통과시키지 않음에 따라 전부 폐기되었고, 이에 따라 미국에서의 온라인 플랫폼 규제를 위한 추가 입법 여부는 불확실한 상황에 놓이게 되었다(≪법률신문≫, 2024.8.19).

법안이 폐기된 배경으로 ① 법안의 규제 대상이 광범위하고 불명확하고, 기존 경쟁법과 별도로 온라인 플랫폼에 대한 추가 규제가 필요한지 여부에 대한 분석이 아직 부족하다는 지적이 제기되었고, ② 온라인 플랫폼에 대한 과도한 규제는 소산업의 성장 및 혁신에 의도하지 않은 결과를 미칠 수 있으므로, 신중하게 접근하여야 한다는 비판론이 제기된 점, ③ 법안 발의 이후 미국 정부의 주된 관심사가 자국 온라인 플랫폼 기업에 대한 규제보다 대중 무역규제로 옮겨간 점 등을 들 수 있다(≪법률신문≫, 2024.8.19)

영국의 동영상 공유 플랫폼 서비스 규제 가이드라인과 온라인 안전 법안

유럽연합의 시청각 미디어 서비스 지침 개정을 통해 동영상 공유 플랫폼 서비스가 규제 대상에 포함되는 등 규제정책이 수립된 이후, 영국의 규제기관 OFCOM(Office of Communications)은 2020년 10월 동영상 공유 플랫폼 서비스 규제에 관한 가이드라인(Regulating video-sharing platforms: A guide to the new requirements on VSPs and Ofcom's approach to regulation)을 발표하였다. 해당 가이드라인을 발표한 배경에 대해 OFCOM은 "유해 콘텐츠로부터 아동을 보호하고, 증오 및 폭력 조장과 범죄 콘텐츠로부터 일반 대중을 보호하기 위해 적절한 대책을 마련해야 하는 요건을 포함한다. 또한 광고와 관련한 기준에 대한 요건도 포함하였다"고 설명하고 있다(이상원 외, 2022b). 영국의 동영상 공유 플랫폼 서비스 규제에 관한 가이드라인의 주요 내용은 **표 4-3**와 같이 요약될 수 있다.

이와 함께, 영국의 디지털·문화·미디어·스포츠부(Department of Digital, Culture, Media and Sport: DCMS)는 2019년 4월, 온라인 유해물 규제에 관한 방안을 담은 백서 형태의 『온라인 유해물 백서(Online

표 4-3 영국 동영상 공유 플랫폼 서비스 규제 가이드라인의 주요 내용

구분	세부 내용
유해물로부터 이용자 보호 기본원칙	- R18 내용을 포함한 동영상, 광고로부터 18세 미만 이용자 보호 - 관련 유해물이 포함된 동영상, 광고로부터 일반 대중 보호 - 관련 유해물(성별, 인종, 피부색, 출신지역, 유전, 언어, 종교, 신념, 정치적 견해, 소수집단, 재산, 출생, 장애, 연령, 성적지향, 국적 등에 근거한 폭력과 증오유발, 테러, 아동 성착취 등 모두 포함)
사업자 의무	- 자신이 제공하는 서비스가 이번 가이드라인에 해당하는지 판단 - 사업자는 이용자가 접하게 될 유해물의 위험성에 관한 평가를 수행하고, 새로운 규제요건을 기준으로 기존의 대책방안을 평가 - R18 내용이 포함된 동영상을 업로드 하는 이용자가 그 사실을 서비스 사업자에게 알려야 한다는 사실을 약관에 포함 - 관련 유해물이 포함된 동영상을 업로드하면 안 된다는 사실을 약관에 포함 - 서비스 플랫폼 상의 광고규제 요건에 대한 사항을 약관에 포함 - 이용자가 업로드한 동영상에 광고가 포함됐는지 알 수 있도록 하는 기능 제공 - 이용자가 유해한 동영상을 신고 및 표시하고 해당 동영상이 어떠한 절차와 과정을 거치고 있는지 확인할 수 있는 투명하고 이용자 친화적인 장치를 구축 및 운영 - 잠재적 이용자의 나이를 확인할 수 있는 시스템 구축 및 운영 - 이용자가 유해한 동영상을 평가할 수 있는 사용하기 쉬운 시스템 구축 및 운영 - R18 동영상과 관련하여 부모가 통제할 수 있는 시스템 제공 - 이용자 불만 처리 절차 수립 및 운영 - OFCOM에 2022년 4월부터 회계연도마다 규제 수수료 납부
OFCOM 의무	- 사업자가 새로운 의무조항을 이해할 수 있도록 지원하며 동시에 사업자와 충분히 협력하며 규정을 수립 - 실행가능하고 비례적인 규제집행을 할 있도록 다음 요인들을 고려하여 규정을 마련 –서비스의 규모와 특성 –제공되는 동영상 콘텐츠의 특성 –해당 동영상 콘텐츠가 야기할 수 있는 유해성 –보호대상 범주(아동 등)의 특징 –서비스를 제공하는 자가 직간접적으로 관여한 정도 –동영상공유 서비스를 제공하는 사업자와 동영상을 제작하여 업로드한 이용자의 권리와 이익을 고려(표현의 자유, 프라이버시 포함) - 이용자 미디어 리터러시 역량 제고를 위한 노력

자료: 이상원 외 (2022b)

Harms White Paper)』를 발표하였다. 이 백서는 온라인상에서 각종 불법물과 유해물이 범람함에 따라 민주주의적 가치와 토론의 훼손, 어린이 보호와 이용자들의 정서적 건강과 안위의 위협, 테러리스트의 위험 가중, 아동에 대한 성착취, 허위 조작 정보의 폐해 등의 문제를 지적하면서 새롭게 제안된 온라인 유해물 규제 프레임워크가 지향하는 비전을 제시하였고, 이후 사회적 의견수렴을 거쳐 2021년 5월, 온라인상에서 불법, 유해 콘텐츠 유통을 규제하기 위한 '온라인 안전 법안(Draft Online Safety Bill)'을 발표하였다(이상원 외, 2022b). 이 법안은 온라인상에서의 인종 차별, 사기, 테러리즘 및 아동 성착취 등 불법적이고 유해한 콘텐츠를 근절하는 것을 목적으로 하며, 이를 위해 온라인 서비스를 이용자-대-이용자 서비스(user-to-user service)와 검색 서비스(search service)로 구분하고, 해당 서비스를 운영하는 사업자들은 OFCOM의 감독을 받도록 하였다(이상원 외, 2022b).

독일의 소셜 네트워크 서비스 규제법 등

독일은 2017년에 유튜브, 페이스북, 인스타그램, 트위터 등 미국 기업인 4대 소셜 네트워크 서비스를 타깃으로 하는 '소셜 네트워크 서비스 규제법'을 제정하고, 소셜 미디어 서비스에서 유통되는 각종 유해물을 보다 적극적으로 규제하기 위한 법제도적 작업을 개시한 바 있다. 일명 '페이스북법'으로 불리는 이 법은 독일 내에서 가입자가 200만 이상이 되는 소셜 네트워크 서비스를 대상으로 특정 집단에 대한 차별성, 혐오성 내용이나 가짜뉴스 등이 게시되는 것을 규제하는 내용을 담고 있다(이상원 외, 2022b). 이와 같은 독일의 소셜 네트워크 서비스 규제법은 이후 영국과 프랑스를 중심으로 온라인 유해물 규제법(영국의 온라인 유해물 백서 및 온라인 안전법안, 프랑스의 온라인 혐오표현 근절법)을 제정하는 데 상당한 영향을 끼치게 된다(이상원 외, 2022b).

이와 함께 독일은 2019년에 기존에 방송과 인터넷 주문형 서비스에 대해 규율하였던 방송·텔레 미디어 국가 협약을 시청각 미디어 서비스 지침 개정의 내용을 반영하기 위해 미디어 협약으로 개명하고, 기존 방송과 OTT 서비스는 물론 다양한 유형의 신규 방송통신 융합 서비스를 규제 대상으로 포함하는 통합법을 제정한 바 있다.

진흥정책 대안

글로벌 미디어 플랫폼 사업자들의 해외시장 진출과 이용자 수 증가에 따라 콘텐츠 규모의 경제는 미디어 플랫폼 사업자들의 경쟁력의 핵심적 요소가 되었다. 해외시장 진출을 통한 콘텐츠 규모의 경제 추구는 장기평균비용(Long Run Average Cost: LRAC)을 하락하게 할 수 있고, 장기평균비용(LRAC)의 하락은 장기적으로 시장에서 불완전경쟁 상태가 도래하게 할 가능성을 내포하고 있다. 특히 한국의 콘텐츠산업 시장 규모는 세계 7위 수준이지만 대부분의 글로벌 사업자가 소속된 미국의 14분의 1 수준으로 시장 규모가 상대적으로 작은 편이기 때문에 콘텐츠 제작 예산 규모도 상대적으로 작은 편이며, 따라서 글로벌 미디어 플랫폼 기업과 비교하여 해외 진출을 통해 콘텐츠 규모의 경제를 실현하기는 상대적으로 어려운 상황이다. 특히 DX 환경이 향후 규모의 경제를 지속적으로 가속화할 가능성을 고려한다면, 이와 같은 상황에서 정부의 진흥정책은 필요하다고 볼 수 있다.

특히 향후 DX 3.0 환경에서 이종 기술 및 이종 산업 간 융합이 주요 성장전략이 될 수 있다는 점을 고려하고, 이종 기술 및 이종 산업 간 융합이 가장 핵심적인 분야 중 하나가 국내 플랫폼 산업이며, 그 경쟁력을 높이는 것이 향후 타 산업의 경쟁력 강화에도 매우 긍정적인 영향을 미칠 가능성도 있다. 즉, 향후 국내 미디어 플랫폼 산업의 경쟁력을 잃는다는 것은 향후 국가 전체 경제성장 측면에서도 더 많은 것을 잃게 될 수 있음을 의미한다고도 볼 수 있을 것이다.

이와 함께 미디어 관련 산업은 경제적 파급효과가 크고 한류를 통해 국가 이미지 제고 및 문화 확산에 기여하는 사회문화적 파급효과가 매우 큰 산업임을 고려한다면 국내 미디어 플랫폼 산업의 경쟁력 제고는 주요한 정책 이슈라고 볼 수 있다. 여기서 간과할 수 없는 부분은 미디어 플랫폼과 콘텐츠는 서로 연결되어 있으며, 국내시장에서의 미디어 플랫폼의 경쟁력 유지는 콘텐츠의 해외시장 진출과 유통에도 도움이 될 수 있다는 점이다.

이와 같은 관점에서 국내 미디어 플랫폼 산업의 경쟁력 제고를 위한 진흥정책 과제와 정책대안을 요약하면 **표 4-4**와 같다.

진흥정책 과제는 ① 미디어 플랫폼 경쟁력 제고를 위한 R&D 정책, ② 미디어 플랫폼 콘텐츠 경쟁력 제고를 위한 재원 정책, ③ 미디어 플랫폼-콘텐츠 해외 진출 지원 정책, ④ 미디어 플랫폼 산업 인력양성 지원 정책 영역 등으로 크게 구분할 수 있다.

표 4-4 국내 미디어 플랫폼 산업의 경쟁력 제고를 위한 주요 진흥정책 과제와 대안

정책과제	대안
미디어 플랫폼 경쟁력 제고를 위한 R&D 정책	- 미디어 플랫폼 서비스 고도화를 위한 기술 개발 및 응용을 위한 다양한 실험적 R&D 정책 지원 - 개인화 추천 서비스의 초고도화를 위한 R&D 지원 - 플랫폼 서비스 고도화와 이용자 친화적 서비스 개발을 위한 R&D 지원 (예: 자동번역 기술 개발 등) - 미디어 플랫폼 관련 이종 기술 이종 산업 간 융합을 촉진하고 지원하는 R&D 정책
미디어 플랫폼-콘텐츠 경쟁력 제고를 위한 재원 정책	- 콘텐츠 제작비 세제 혜택 - 혁신 콘텐츠 사업자 제작 지원 - 미디어 펀드 조성 –미디어 플랫폼-콘텐츠의 경쟁력 강화를 위한 정책 펀드 조성 –방송·미디어 콘텐츠 글로벌 유통을 위한 재원 조성 –정책금융(낮은 수준의 이자율 등) - 국내 OTT 플랫폼-제작사 협력 및 제휴를 조건으로 하는 콘텐츠 제작 지원 - 숏폼 콘텐츠, 실감 콘텐츠, 메타버스 콘텐츠 등 혁신 콘텐츠 제작 지원
미디어 플랫폼-콘텐츠 해외 진출 지원 정책	- 재제작 등 국내 방송·미디어 콘텐츠 글로벌 유통을 위한 다양한 비용 지원 확대 - 국내 방송·미디어 콘텐츠 글로벌 유통을 활성화를 위한 다양한 마케팅 및 홍보비 지원 정책 - 콘텐츠 글로벌 유통 관련 기술개발을 위한 R&D 지원 - 콘텐츠 글로벌 유통 활성화를 위한 저작권 제도 개선 - 글로벌 유통 활성화를 위한 글로벌 콘텐츠 공동제작 지원 확대 - 국내 미디어플랫폼 사업자 해외 진출 시 제휴 가능한 사업자 정보 제공
미디어 플랫폼 산업 인력양성 지원 정책	- 미디어 플랫폼 관련 기술 인력 양성 지원 - 디지털 미디어 스타트업 관련 인력양성 지원 - 유망 1인 창작자 및 OTT 분야 제작 인력 양성

자료: 이상원 외 (2022b)를 수정 및 추가

먼저 ① 미디어 플랫폼 경쟁력 제고를 위한 R&D 정책과제는 미디어 플랫폼 서비스 고도화를 위한 기술 개발 및 응용을 위한 다양한 실험적 R&D 정책 지원, 개인화 추천 서비스의 초고도화를 위한 R&D 지원, 플랫폼 서비스 고도화와 이용자 친화적 서비스 개발을 위한 R&D(예: 자동 번역 기술 개발 등) 지원, 미디어 플랫폼 관련 이종 기술 이종 산업 간 융합을 촉진하고 지원하는 R&D 정책 등을 들 수 있다.

한편 ② 미디어 플랫폼-콘텐츠 경쟁력 제고를 위한 재원 정책과제[9]는 콘텐츠 제작비 세제 혜택(예: 콘텐츠 세액공제율 상향),[10] 혁신 콘텐츠 사업자 제작 지원, 미디어 플랫폼-콘텐츠의 경쟁력 강화를 위한 정책펀드 조성, 방송·미디어 콘텐츠 글로벌 유통을 위한 재원 조성, 정책금융(낮은 수준의 이자율 등), 국내 OTT 플랫폼-제작사 협력 및 제휴를 조건으로 하는 콘텐츠 제작 지원, 실감 콘텐츠, 메타버스 콘텐츠 등 혁신 콘텐츠 제작지원이 관련 진흥정책 대안으로 논의될 수 있을 것이다.

이와 함께 ③ 미디어 플랫폼-콘텐츠 해외 진출 지원 정책과제는 재제작 등 국내 방송·미디어 콘텐츠 글로벌 유통을 위한 다양한 비용 지원 확대, 국내 방송·미디어 콘텐츠 글로벌 유통을 활성화를 위한 다양한 마케팅 및 홍보비 지원 정책, 콘텐츠 글로벌 유통 관련 기술 개발을 위한

9) 2024년 3월 발표된 미디어콘텐츠산업 융합발전방안에서는 2024년부터 2028년까지 정부재정 출자 포함, 총 1조 원대 규모의 K-콘텐츠·미디어 전략 펀드를 조성하는 대안이 발표된 바 있다.

10) 콘텐츠 제작 기본 세액공제율이 대기업 5%, 중견기업 10%, 중소기업 15%로 상향 조정되고 국내 경제에 파급효과가 큰 영상 콘텐츠(국내 지출 80% 이상 등)에 대해 추가공제(10/15%)를 신설·적용하는 안이 2023년 조세특례제한법 개정을 통해 실시되었다.

표 4-5 미디어·콘텐츠 산업 융합 발전방안(안)(2024)

추진전략	세부 추진 과제
K-콘텐츠 산업의 글로벌 경쟁력 강화	- 국가전략산업 수준의 세제 혜택 - 콘텐츠 투자의 획기적 확대 - 콘텐츠 IP 확보 역량 강화
미디어·콘텐츠 산업 선순환 발전을 위한 규제 혁신	- 인·허가제 개선 통한 장기 투자 기반 조성 - 소유·겸영규제 완화 통한 규모의 경제 실현 - 콘텐츠 제작과 편성의 자율성 확대 - 광고규제 완화를 통한 시장 활력 제고
글로벌 진출 및 신시장 선점 총력 지원	- 국내 OTT의 해외 진출 지원 다각화 - AI 등 첨단기술 활용한 미디어·콘텐츠 산업 고도화 - 산업 혁신을 이끌 창의·융합형 인재 양성
지속 가능한 상생 생태계 조성	- 미디어·콘텐츠 시장 내 동반성장 기반 마련 - 콘텐츠 불법유통 근절

자료: 미디어·콘텐츠산업 융합발전위원회(2024)

R&D 지원,[11] 콘텐츠 글로벌 유통 활성화를 위한 저작권 제도 개선, 글로벌 유통 활성화를 위한 글로벌 콘텐츠 공동제작 지원 확대, 국내 미디어 플랫폼 사업자 해외 진출 시 제휴 가능한 사업자 정보 제공 등이 그동

11) 콘텐츠 글로벌 유통 관련 기술 개발을 위한 R&D 지원은 예를 들어 AI 기술 기반 유통시스템 R&D 지원, FAST 플랫폼의 SSAI(Server Side Ad Insertion) 광고기술 개발을 위한 R&D 지원, FAST 서버 확보 및 서버 가성비를 높이는 기술 고도화에 대한 R&D 지원, FAST 송출 비용을 절감하기 위한 R&D 비용 지원 등이 진흥정책 대안으로 논의될 수 있을 것이다.

안 논의되어 고려될 필요가 있는 정책 대안이다.

마지막으로 ④ 미디어 플랫폼 산업 인력양성 지원 정책은 미디어 플랫폼 관련 기술 인력양성 지원, 디지털 미디어 스타트업 관련 인력양성 지원 및 유망 1인 창작자 및 OTT 분야 제작 인력양성 지원 정책을 고려할 수 있을 것이다.

최근 미디어·콘텐츠산업 융합발전위원회(2024)는 '미디어·콘텐츠산업 융합 발전방안(안)'을 2024년 3월에 발표한 바 있다. **표 4-5**는 최근 발표된 '미디어·콘텐츠산업 융합 발전방안(안)의 전략과 세부 추진 과제를 요약한 것이다.

미디어·콘텐츠산업 융합발전위원회(2024)가 발표한 '미디어·콘텐츠산업 융합발전방안(안)'은 ① K-콘텐츠 산업의 글로벌 경쟁력 강화, ② 미디어·콘텐츠 산업 선순환 발전을 위한 규제 혁신, ③ 글로벌 진출 및 신시장 선점 총력 지원, ④ 지속 가능한 상생 생태계 조성 등 4가지 추진전략으로 구성되어 있다.

① 'K-콘텐츠 산업의 글로벌 경쟁력 강화' 전략은 국가전략산업 수준의 세제 혜택, 콘텐츠 투자의 획기적 확대, 콘텐츠 IP 확보 역량 강화 등의 세부 추진 과제가 제시되었다. ② '미디어·콘텐츠 산업 선순환 발전을 위한 규제 혁신' 전략은 인·허가제 개선 통한 장기 투자 기반 조성, 소유·겸영 규제 완화 통한 규모의 경제 실현, 콘텐츠 제작과 편성의 자율성 확대, 광고규제 완화를 통한 시장 활력 제고 등의 세부 추진 과제가 제시되었다. 이와 함께 ③ 글로벌 진출 및 신시장 선점 총력 지원 전략은 국내 OTT의 해외 진출 지원 다각화, AI 등 첨단기술을 활용한 미디어·콘텐츠 산업 고도화, 산업 혁신을 이끌 창의·융합형 인재양성 등의 세부 추진 과

제가 제시되었으며, ④ 지속 가능한 상생 생태계 조성 전략은 미디어·콘텐츠 시장 내 동반성장 기반 마련 및 콘텐츠 불법유통 근절 등 세부 추진 과제가 제안된 바 있다.

미디어·콘텐츠산업 융합발전위원회(2024)가 발표한 '미디어·콘텐츠산업 융합발전방안(안)'의 세부 추진 과제 중 일부는 앞서 그동안 학계에서 논의된 미디어 플랫폼 관련 진흥정책 대안의 일부를 포함하고 있다고 볼 수 있다.

규제 모델의 변화와 수평규제체계 도입

'수탁제 모델'에서 '사회적 책임 모델'로의 변화

기존 방송규제 관련 주요 규제 모델 중 하나인 수탁제 모델은 전파의 희소성, 방송의 사회적 영향력, 방송시장에서 독과점을 인정해 주는 대가로 공적 책무를 부여하는 것을 강조하고 있다. 기존의 수탁제 모델은 그동안 방송산업 관련 규제를 설명할 수 있는 주요 이론적 접근으로 평가되어 왔지만, 최근 빠르게 변화하는 ICT·미디어 산업 환경변화를 고려했을 때 장기적인 관점에서는 시장 상황을 제대로 반영하지 못할 가능성이 높아 보인다. 방송 미디어는 다양한 미디어의 등장에도 불구하고 어느 정도 상대적인 사회적 영향력을 가지고 있다고 평가할 수도 있겠지만 다양한 OTT 등 미디어 플랫폼의 등장은 정부가 제도적으로 설계한 시장이라고 보기는 어렵고 이에 따라 예전과 같은 공적 책무를 부여하기는 어려운 상황이 되었다.

이와 함께 1장에서 살펴본 바와 같이 향후 DX 3.0 환경에서는 AI, 빅데이터 등 기존 DX 주도 기술과 함께 6G, 메타버스, 블록체인 기술 등 현재보다 더 다양한 디지털 기술이 진화하고 현재보다 더 다양한 이종 기술 간 융합이 촉진되며, 이에 따라 이종 산업 간 융합이 주요 성장전략이 될 것으로 예측된다.

이와 같은 DX 3.0 환경에서는 효율성 추구는 미디어 기업 입장에서 여전히 중요하지만, 효율성의 가치와 기업의 사회적 책임이 균형과 조화를 이루는 것이 사회적으로 중요하며 요청될 가능성이 높아지고 있다. 미디어 플랫폼이 시장에서 성장하면서 사회 내에서 사회적·경제적 영향력도 점점 커지고 있으며, 이용자의 기본적 권리 보호, 공정 경쟁, 혁신, 민주주의 가치 유지 등 사회적인 책임에 대한 요구도 점점 커지고 있기 때문이다.

따라서 이와 같은 변화를 고려한다면 향후 미디어 플랫폼 관련 규제 패러다임은 미디어 플랫폼 기업의 부분적인 자율규제와 기업의 사회적 책임을 강조하면서도 반드시 필요한 규제는 적절한 수준에서 도입하여 혁신 성장과 사회적 책임이 함께 조화롭게 병행하는 패러다임으로 발전할 가능성이 커 보인다. 특히 DX 3.0 환경에서도 글로벌 사업자의 영향력은 계속 유지될 가능성이 크고 이에 따라 글로벌 사업자에게 사회적 책임을 적절하게 부과할 수 있는 규제체계도 향후 필요성이 커질 것으로 예상된다.

이와 같은 맥락에서 공적 영역과 민간(시장) 영역의 합리적인 구분을 전제로 기존 유료방송을 포함하는 미디어 플랫폼 영역은 **표 4-6**과 같이

표 4-6 DX 3.0 환경에서 수평규제체계 도입 시 미디어 플랫폼 사업자(유료방송 포함) 규제 모델의 변화

구분	수탁제 모델 (Trusteeship Model)	사회적 책임 모델 (Social Responsibilities Model)
규제 이유	- 주파수 희소성 - 방송의 사회적 영향력	- 사회적 영향력 - 경제적 영향력
작동 원리	- 방송시장 독과점 인정으로 인한 허가 사업자 - 교차 보조 시스템 - 타율 규제 위주	- 이용자, 매출액, 시가 총액 측면에서 영향력이 큰 사업자 - 시장원리 + 사회적 책임 - 타율 규제와 일부 자율규제(또는 공동 규제) 혼합
의무/책임	- 공적 책임 (공익성, 공정성, 다양성 등)	- 사회적 책임 (이용자의 기본적 권리 보호, 혁신, 환경, 다양성, 공정 경쟁, 민주주의 가치 유지 등)

기존 수탁제 모델에서 '사회적 책임 모델(Social Responsibilities Model: SRM)'로의 규제 모델의 변화를 필요로 한다. 기존의 수탁제 모델과는 달리 사회적 책임 모델에서 규제의 근거는 미디어 플랫폼 사업자의 사회적 또는 경제적 영향력이라고 볼 수 있고, 작동 원리는 기존 수탁제 모델이 방송시장의 독과점 인정으로 인한 허가였다면, 사회적 책임 모델에서는 이용자, 매출액, 시가총액 측면 등 사회적·경제적 영향력이 큰 사업자의 경우 기본적으로 시장원리를 존중하되 일부 사회에서 필요한 사회적 책임을 지게 되며, 기존 수탁제 모델이 타율 규제 중심이었다면, 사회적 책임 모델에서는 타율 규제와 자율규제(또는 공공 규제)를 혼합하게 된다.

이와 같은 규제 모델 변화에서 의무나 책임 측면에서 기존의 수탁제

모델이 공익성, 공정성 및 다양성 같은 공적 책임을 강조한다면, 사회적 책임 모델(SRM)에서는 헌법상에 부여된 다양한 이용자 관련 기본적인 권리 보호, 혁신, 환경, 다양성, 공정 경쟁, 민주주의 가치 유지 등 사회적 책임을 강조하게 된다.[12)]

'사회적 책임'을 강조하는 수평규제체계로의 변화

이와 같은 규제 모델의 변화는 새로운 미디어 규제체계 개혁에서도 충분히 고려될 필요가 있다. 미디어 플랫폼 규제와 사회적 책임 모델로의 규제 모델 변화는 공적 영역과 민간 영역의 적절한 구분을 전제로 한다. 공적 영역과 민간 영역의 합리적인 구분에 따라 각 영역에서 정책이 추구하는 가치의 조화와 균형점을 재배치할 필요가 있으며, 특히 민간 영역인 미디어 플랫폼 영역에서는 국내 미디어 플랫폼 사업자의 경쟁력을 제고하고 공정 경쟁을 뒷받침하는 동시에 사회적 책임 모델하에서 미디어 플랫폼 이용자의 기본적인 권리 보호도 가능한 규제체계가 필요할 것으로 판단된다.

이와 같은 사회적 책임 모델로의 변화 관점에서 보았을 때 수평규제체계 도입 시 강한 경제적 규제 중심의 수평규제체계보다는 이용자 권리

---

12) 공적 책임과 사회적 책임의 일부 내용은 겹치거나 중복되는 내용이 있을 수 있을 것이다. 예를 들어 다양성과 경쟁은 공익과 공적 책임을 확보하기 위한 주요 가치나 원칙으로 여겨져 왔고, 사회적 책임의 측면에서도 여전히 중요한 가치라고 볼 수 있다. 사회적 책임의 경우 DX 3.0과 같은 새로운 환경변화에 적합한 정책의 원칙과 가치를 포함한다고 볼 수 있다.

보호 및 내용 규제 등 '사회적 책임'을 강조하는 사회적 규제 중심의 수평 규제체계 도입이 DX 3.0하에서는 더 적절할 것으로 보인다. 이와 같은 변화에서 반드시 고려되어야 할 부분은 글로벌 미디어 플랫폼 사업자에 대한 적절한 규제가 국익적 측면에서 필요하다는 점이다.

실제 수평규제체계 도입 초기 단계에서는 공적 영역과 민간 영역(또는 산업 영역)을 상대적으로 구분할 수 있는 수평규제체계를 확립하는 것이 매우 중요하다(이상원, 2020). 실제 공적 영역과 민간 영역의 구분은 정부, 전문가, 업계가 모두 참여하는 미디어정책 관련 위원회에서 투명한 정책결정과정을 거치면서 충분한 공론화를 통해 사회적 동의를 얻을 필요가 있을 것으로 보인다.

공적 영역은 주로 공공성과 공적 책임이 더 강조되는 공영방송을 포함한 지상파방송 서비스가 적합할 것으로 보이며, 사적소유와 지배구조를 가지면서 산업적 색채가 더 강한 미디어 플랫폼 영역 즉, 유료방송 서비스와 동영상 OTT 서비스는 법체계상 공적 영역과 분리하면서 '사회적 책임 중심의 수평적 규제체계'를 도입할 필요가 있다. 이와 같이 공적 영역을 구분할 경우는 기존의 수직적 규제체계 내에서 기존 방송법 중 공영방송 및 지상파 관련 조항을 통합하여 (가칭)'공공미디어서비스법' 제정을 고려하여 공공 영역을 규율하고 공적 영역은 공공성 회복 및 강화에 중점을 두면서 시장에서 제공할 수 없는 콘텐츠와 서비스를 중점적으로 제공할 필요가 있으며, 민간 영역은 콘텐츠-플랫폼-네트워크(Content-Platform-Network) 각 계층에서 공적 영역과 구분되는 '사회적 책임을 강조하는 수평적 규제체계'를 도입하여 효율성, 자율성, 경쟁 및 혁신 성장 등 경제적 정책목표를 추구하되 주로 미디어 플랫폼 이용자의 기본적인 권리 보호 및 내용 규제 등 사회적 규제 중심의 규제를 도입할 필요가 있다.

위와 같은 DX 3.0 환경에서의 수평규제체계 도입 시 전제조건 중 하나는 민간 영역의 경우 기존 방송법에 따른 방송미디어 규제보다 완화된 규제를 도입하면서 이를 전제로 수평규제체계를 도입해야 한다는 점이다. 따라서 새로운 수평규제체계하에서는 방송법에서 규율해 온 강한 구조 규제(예: 소유규제, 겸영금지규제)는 완화할 필요가 있으며,[13] 미디어 플랫폼 사업자 경우 진입규제의 경우 기존 방송 관련법보다 '완화된 등록'을 고려할 수 있을 것이다. 아울러 기존의 방송편성, 외주 제작, 채널 구성, 콘텐츠 배열 및 노출 등 기존 방송미디어 규제는 대폭 완화 또는 일부 폐지할 필요성도 있으며, 내용 규제 영역의 경우 현행 심의 관련 법제는 콘텐츠가 유통되는 망과 콘텐츠 유형에 따라 방송법, 전기통신사업법, 영화비디오법이 적용되고 있으나, 공적 영역과 민간 영역의 서비스로 적절하게 구분하여 적용되는 법을 일부 통합하고 중복 규제가 되지 않도록 할 필요가 있다.

수평규제체계 도입 시 콘텐츠-플랫폼-네트워크 3분류 체계를 적용하여 공적 영역과 민간 영역을 구분하는 사회적 책임을 강조하는 수평규제체계는 공적 영역에서는 공공성을 제고하면서도 민간(시장) 영역에서는 기술중립적 규제를 통해 시장 경쟁을 촉진함으로써 혁신 성장과 효율성

---

13) 최근 발표된 미디어콘텐츠산업 융합발전방안(2024)에서는 대기업 기준 상향 및 일간신문(뉴스통신), 외국인의 유료방송 지분 제한 일부 폐지 등 소유 및 겸영 규제를 완화하는 안이 제시된 바 있다.

증대에 기여할 수 있을 뿐만 아니라 한편으로는 미디어 플랫폼이 불러일으키는 디지털 이용자 보호와 같은 다양한 사회문제도 해결할 수 있을 것으로 판단된다.

정책 거버넌스와 규제체계 개혁의 연계

미디어 플랫폼 정책 관련 논의에 있어서 또 하나의 중요한 정책 사안은 ICT·미디어 정책 거버넌스 개편과 규제체계 개혁의 연계이다. 현행 ICT·미디어 관련 정책 거버넌스는 기존 행정조직의 구조와 환경에 대한 면밀한 분석과 체계적인 개편 전략에 기반하기보다는 2013년 박근혜 정부 초기 '창조경제'라는 국정철학을 주도할 초대형 부처를 창설하기 위한 목적으로 대규모로 일시에 이루어졌다고 볼 수 있다(유홍식, 2021).

이에 따라 현행 ICT·미디어 관련 정책 거버넌스는 다음과 같은 문제점을 노출하였다. 첫째, 조정 및 통제 기능의 부재 및 불완전한 통합이다. 즉, 현행 ICT·미디어 정책 거버넌스는 통합과 기능 분산의 부작용을 예방하고 최소화하기 위한 조정 및 통제 기능이 부재하다고 볼 수 있으며, 2013년 미래창조과학부는 9개 부처 기능의 전부 또는 일부를 통합했음에도 불구하고 ICT 관련 주요 기능은 여전히 분산되어 있었다는 점이다(김수원·김성철, 2017).

둘째, 관련 부처 간 권한 범위 및 관계 정립에 실패했다고 볼 수 있다. 예를 들어 방송·통신 간 700MHz 주파수 대역 분배 이슈, 망중립성 이슈 등 방송통신위원회와 과학기술정보통신부 등 관련 부처의 조정이 필요했던 정책 이슈의 경우 정책적 해결책이 충분히 제시되지 못하고 정책 혼란, 정책 지연 및 정책 중복 등의 문제가 발생하였다. 이와 같은 방송통신위원회와 미래창조과학부(현 과학기술정보통신부)로의 유사한 기능 이원화로 인해 시너지 효과를 가져오기보다는 주요 이슈별로 대립하는 현상이 지속적으로 나타난 것으로 볼 수 있다(유홍식, 2021).

셋째, 방송통신위원회의 정치 과잉과 과학기술정보통신부의 ICT 컨트롤 타워로서의 역할 부재 등의 문제를 들 수 있다. 방송통신위원회의 경우 방송통신 규제진흥기구의 이원화에 따라 정부 내 최소 조직으로 축소된 것 이외에도 3 : 2 여야 추천 상임위원으로 구성된 대립 구조로 인해 상임위원의 임명 과정에서 정치 개입으로 인한 후견주의에 대한 비판을 지속적으로 받아왔다.[14] 반면, 미래창조과학부(현 과학기술정보통신부)의 경우 출범 시 9개 부처 기능의 전부 또는 일부를 통합했음에도 불구하고 여전히 ICT 컨트롤 타워로서의 역할은 충분하지 못하다는 평가도 존재한다. 이런 문제점들과 함께, OTT 등 융합혁신 서비스에 대한 정부 관련 부처 간 입법 경쟁도 비효율적 정책 거버넌스의 산물이라는 평가도 있다.

따라서 융합 촉진, 디지털 전환 확산, 미디어 플랫폼의 가파른 성장, 글로벌 사업자 영향력 확대 및 기존 방송산업 재원 구조 악화 등의 환경 변화에 대응할 수 있는 ICT·미디어 정책 거버넌스를 확립하고 이와 연계될 수 있는 새로운 미디어 플랫폼 관련 규제체계를 정비하는 것이 현재

14) 최근 방송통신위원회는 이와 같은 문제가 더 심화되고 있는 것으로 보인다. 예를 들어 방송통신위원회 5명의 상임위원이 모두 임명되지 못한 상황이 지속된 바 있다.

매우 필요한 상황이다.

DX 3.0 환경에서 미디어 플랫폼의 혁신 성장과 사회적 책무의 균형을 위해서는 현재 여러 부처로 분산된 ICT·미디어 관련 기능의 적절한 통합 및 기능 조정을 통해 효율성과 정책 효과성을 제고할 필요가 있다. 특히 융합 혁신 서비스에 관한 정부 부처 간 갈등과 관할권 경쟁 사례는 효율적인 미디어 플랫폼 정책을 위해서 ICT·미디어 정책 거버넌스가 얼마나 중요한 정책 사안인지를 일깨워 주고 있다.

DX 3.0 환경에서 적절한 미디어 플랫폼 정책의 기반이 될 수 있는 ICT·미디어 정책 거버넌스는 먼저 공적 영역과 민간(시장) 영역의 적절한 구분이 필요하다.[15] 기존 방송법은 공적 영역과 민간 영역 구분의 모호성과 혼재성이 존재함으로 인해 그동안 많은 비판을 받아왔다. 따라서 공적 영역과 민간(시장) 영역의 합리적인 구분은 ICT·미디어 정책 거버넌스 개편과 ICT·미디어정책 규제체계 개혁의 기반이 될 필요가 있으며, 향후 공적 영역과 민간 영역의 합리적인 구분에 따라 정책이 추구하는 가치의 조화와 균형점을 재배치할 필요가 있다.

이와 같은 구분하에 공적 영역은 민주성, 다양성 및 지역성 등 주로 사회적·문화적 목표를 추구하고, 민간(시장) 영역은 주로 혁신 성장과 효율성 등 주로 경제적 목표를 추구함으로써 공적 영역과 민간 영역을 적절히 구분하고 각 영역의 차별화된 정책목표 달성을 가능하게 할 필요가

15) 공적 영역과 민간 영역의 합리적인 구분은 각 영역의 과도한 축소나 확장이 아닌 것을 전제로 하며 공적 영역과 민간 영역의 차이에 대한 이해를 전제로 한다. 즉, 각 영역의 차별화된 정책 목표에 대한 이해와 추구해야 할 정책 가치와 정책의 원칙에서도 상대적인 차이가 있음에 대한 이해를 전제로 할 필요가 있다.

있다. 따라서 이와 같은 ICT·미디어 정책 거버넌스 개편 방향은 규제체계개혁과도 연계되어야 할 필요성이 있다고 하겠다.

구체적으로 민간(시장) 영역은 하나의 독임제 부처에서 주로 혁신 성장과 효율성 등 주로 경제적 정책 목표를 추구하고, 제도적 측면에서 민간 영역은 사회적 책임과 최소한의 의무 규정을 통해 상대적 자율성, 효율성, 혁신기반 조성에 초점을 맞출 필요가 있다. 새로운 독임제 부처는 주로 ICT 및 미디어 시장이 주가 되는 영역을 담당하고 ICT 및 미디어 산업 생태계 구축을 담당할 필요가 있다. 특히 OTT 산업에서 플랫폼과 콘텐츠가 수직 통합되고 있는 점을 고려하여 미디어 플랫폼과 콘텐츠 정책을 하나의 통합된 부서에서 담당할 필요가 있다. 즉, DX 3.0 환경에서 새로운 독임제 부처는 콘텐츠-플랫폼-네트워크 중 주로 산업 영역과 관련된 정책을 담당하게 되어 주로 ICT, 통신, 유료방송, OTT, FAST 플랫폼 및 콘텐츠 관련 정책을 담당하면서 ICT·미디어 혁신 성장의 컨트롤타워 역할을 할 필요가 있다.

반면에 공적 영역은 하나의 위원회 조직(예: 가칭 공공미디어위원회)에서 민주성, 다양성 및 지역성 등 주로 사회적·문화적 정책목표를 추구하면서 제도적 측면에서 민간 영역에서 제공할 수 없는 콘텐츠와 서비스를 제공함으로써 공공성을 확보하는 것을 주요 임무로 한다. 예를 들어, 공공 영역으로서의 성격이 강하고 정치적·사회적·문화적 중요성이 큰 미디어 정책 사안들은 위원회 기구에서 다룰 필요가 있으며, 이에 따라 위원회 기구의 독립성 확보 방안에 대한 논의도 필요하다. 구체적으로 위원회 조직은 다수위원회(15~20인/위원장 포함 상임위원 5인)를 통해 정치적·사회적·문화적 다양성을 확보할 필요가 있으며, 다수위원회를 통해 시민

사회 및 전문가가 상호 협력을 지향하는 정책 거버넌스 구축을 추구할 필요가 있다. 이와 함께 공적 영역에서는 공공미디어 재정위원회를 두고 수신료 산정과 공공미디어 서비스 진흥을 위한 재원 관련 협의를 하는 자문기구를 두는 것을 고려할 필요가 있다.

이와 같은 ICT·미디어 정책 거버넌스 개편을 위한 정부-민간의 협력적 거버넌스를 위해 위원회조직을 구성하여 ICT·미디어정책 거버넌스와 규제체계 개편과정을 투명화하게 공론화하여 정치적 책임성을 확보하고, 전문가와 시민들과의 활발한 의사소통에 기반한 민주적 절차를 통한 의사결정을 담보할 필요가 있다.

참고문헌

강진원·김해나. 2024. 「EU 인공지능 규제 현황과 시사점」. ≪KISTEP 브리프 119≫.

곽정호. 2023. 「EU 디지털서비스법과 플랫폼 규제」. ≪지역정보화≫, 136, 66~71쪽.

김병일. 2022. 「EU의 디지털 시장법의 주요 내용과 국내 시사점」. ≪KISO저널≫, 46, 16~24쪽.

김상택 외. 2016. 「자율규제 확대에 따른 전문규제기관 기능 및 역할에 관한 연구」. 방송통신위원회.

김수원·김성철. 2017. 「문재인 정부의 방송통신 정부 조직 개편방안」. ≪방송통신연구≫, 99, 9~36쪽.

대한민국 국회. 2019a. 「방송법 전부개정법률안」. 의안번호 18159.

미디어·콘텐츠산업 융합발전위원회. 2024. 「미디어·콘텐츠산업 융합발전방안(안)」.

박찬경. 2022. 「유럽연합 디지털서비스법(Digital Services Act)」. ≪언론중재≫, 가을호.

≪법률신문≫. 2024.8.19. "미국 등 해외 온라인 플랫폼 규제 입법 동향 및 시사점". https://www.lawtimes.co.kr/LawFirm-NewsLetter/184598

선지원. 2022. 「자율규제의 유형별 사례와 플랫폼 자율규제를 위한 시사점」. ≪경제규제와 법≫, 15(2), 86~104쪽.

설성호. 2021. 「미국의 반독점법과 온라인 플랫폼 규제」. ≪기술정책 트렌드≫, 2021-07. 한국전자통신연구원.

연합뉴스. 2024.3.4. "한국인 1인당 유튜브 월평균 사용 40시간 돌파". https://www.yna.co.kr/view/AKR20240304019800017

유홍식. 2021. 「미디어 거버넌스 정립방안」. 한국방송학회 방송정책특별위원회 세미나 발제문.

이상원. 2020. 『디지털 트랜스포메이션과 동영상 OTT 산업』. 한울엠플러스.

______. 2022a. 『ICT와 미디어』. 퍼플.

이상원 외. 2022b. 『디지털 전환 3.0 패러다임과 미디어 플랫폼 산업의 미래 전략 및 정책』. 정보통신정책연구원.

______. 2023a. 「미디어 플랫폼을 통한 국내방송·미디어콘텐츠 글로벌 유통 활성화를위한 정책과제」. 한국방송학회 디지털전환과 미디어혁신 연구회 특별 세미나 발제문.

______. 2023b. 「유료방송플랫폼의 경쟁력 제고 요소와 규제개선 과제」. 공익법산업센터 91회 세미나 발제문.

이상원·강재원·김선미. 2018. 「OTT 제도화와 수평적 규제체계 도입전략」. ≪사회과학연구≫, 25권 4호, 247~268쪽.

이수엽. 2024. 「온라인 플랫폼 시장 동향 및 정책적 이슈」. 한국언론학회 세미나 발제문.

이종원. 2022. 「방송미디어 중장기 법제정비 방안」. 정보통신정책연구원.

______. 2023. 「방송미디어 분야 자율규제 제도화 방안연구」. ≪기본연구 23-10≫, 정보통신정책연구원.

이해원. 2024. 「유럽연합 인공지능법: 주요 내용과 시사점」. ≪이슈페이퍼≫, 24-04. Startup Alliance.

장병희·강재원. 2015. 「국내 방송규제 정책에서 수평적 규제 패러다임 도입 관련 쟁점 분석」. ≪사회과학연구≫, 22(4), 117~138쪽.

정인숙. 2023. 『디지털 플랫폼의 지배와 왜곡』. 형설출판사.

최숙외. 2023. 「국내방송·미디어콘텐츠의 글로벌 유통 활성화 방안연구」. 과학기술정보통신부.

한국콘텐츠진흥원. 2023. 「2023 해외 콘텐츠시장 분석」. 한국콘텐츠진흥원

홍종윤. 2019. 「미래지향적 OTT 정책 방향의 모색」. 한국방송학회 '방송미디어 산업의 혁신과 공정경쟁 촉진을 위한 바람직한 OTT 정책 방향' 세미나 발제문.

황준호. 2019. 「OTT 미래정책 방향 및 미래지향적 규제체계 정비방안」. 정보통신정책연구원 '중장기 방송제도 개선 및 미래지향적 규제체계 개편 방안' 세미나 발제문.

ZDNET Korea (2024.7.18). ""어딜 도망가" ... 틱톡, DMA '게이트키퍼' 적용 못 피했다". https://zdnet.co.kr/view/?no=20240718083114

Black, J. 1996. "Constitutionalising Self-Regulation." *The Modern Law Review*, vol. 59, NO.1, pp.24~55.

PwC. 2022. *Global entertainment and media outlook: 2022-2026.*

Statista. 2023. "Statista Statistics."

에필로그: DX 3.0과 미디어 산업의 미래

미디어 산업의 주요 환경적 요인 중 하나로써 논의되고 있는 디지털 전환은 향후 패러다임 변화가 예상된다. 1장에서 논의한 바와 같이 디지털 전환 패러다임을 시기에 따라 구분하면, 브로드밴드의 상용화가 가져온 기술적 융합이 플랫폼을 통해 초기 구현된 기술적 특징을 가진 첫 번째 패러다임인 DX 1.0과, 여러 산업 분야에서 디지털 플랫폼의 성장이 플랫폼 경제를 주도하게 되고, OTT가 등장하여 시장에서 빠르게 성장하면서 글로벌 디지털 플랫폼 사업자의 영향력이 확대된 시기인 두 번째 패러다임인 DX 2.0로 볼 수 있다.

첫 번째 패러다임인 DX 1.0 시기는 산업적 측면에서는 통신산업의 빠른 성장, 방송통신 융합, 케이블 및 IPTV 등 유료방송의 성장 시기와 일치하고, 효율성 및 생산성 향상을 통한 혁신 성장이 주된 추구 가치였던 시기라고 볼 수 있고, 시기적으로 DX 1.0은 주로 브로드밴드 기술 상용화를 통한 통신 및 ICT 인프라 초기 구축을 통해 혁신 성장, 공정 경쟁 및 보편적 서비스 제공 등이 주요 정책 문제였던 1999년부터 2009년까지의 시기로 구분할 수 있을 것이다. DX 1.0 패러다임은 2010년 이후 AI, 빅데이터 등 디지털 전환 주도 기술의 다양한 전략적 활용을 통해 효율성, 생산성 및 융합의 고도화를 추구한 DX 2.0 패러다임으로 변화하였다.

DX 2.0 패러다임에서는 여러 산업 분야에서 디지털 플랫폼이 플랫폼 경제를 주도하고, 효율성 및 생산성의 고도화가 이루어지면서 이용자에게 최적 경험을 제공하는 것이 점차 이전보다 중요해진 시기라고 볼 수 있다. 이와 같은 DX 2.0 패러다임은 2010년부터 코로나19의 영향력이 점차 감소한 2022년까지의 시기로 볼 수 있으며, 혁신 성장, 공정 경쟁 및 보편적 서비스 제공 등도 여전히 주요 정책 문제였지만 이용자 보호와 관련 다양한 정책 문제도 디지털 플랫폼 맥락에서 새롭게 제기되어 온 시기였다고 볼 수 있다.

코로나19는 이와 같은 DX 2.0 패러다임을 현재보다 더 성숙기로 이행하도록 추동한 것으로 보인다. DX 2.0 패러다임 시기 동안 DX는 각 기업의 생산성과 효율성을 강조하면서 혁신 성장의 주요 동인으로 성장에 기여해 왔으나 성숙기를 거치면서 다양한 사회적 문제도 제기되고 있다. 예를 들어 플랫폼 효과에 따른 플랫폼의 대형화, 디지털 플랫폼 이용자 보호와 혁신의 지속성 문제 등 플랫폼의 사회적 책임 문제 등이 지속적으로 제기되고 있는 것이 예라고 볼 수 있다.

향후 디지털 전환은 이종 기술 및 이종 산업 간 융합으로 현재보다 더 다양하게 진화하며 혁신 성장을 추구하면서도 적절한 사회적 책임이 균형을 이루게 되는 DX 3.0 패러다임으로 변화할 가능성이 커지고 있다. DX 3.0 패러다임은 6G, 메타버스, 블록체인 등 현재보다 더 다양한 디지털 전환 주도 기술이 기존의 AI, 빅데이터 등의 기술과 창의적으로 융합하고 진화할 것으로 보인다.

DX 3.0 패러다임에서는 현재보다 더 이종 기술 간 융합이 고도화되고, 이에 따라 이종 산업 간 융합이 ICT 및 미디어 산업의 주요 성장전략이 될 것으로 예측된다. DX 3.0 패러다임에서는 효율성 추구와 기업의 사회적 책임이 균형을 이루는 것이 사회적으로 요청될 가능성이 크다. 자율규제가 일부 도입되고 기업의 사회적 책임을 강조하면서도 반드시 필요한 규제는 적절한 수준에서 도입하여 혁신 성장과 사회적 책임, 사회적 효율성 및 민주주의가 함께 조화롭게 병행하는 패러다임으로 발전할 것으로 판단된다. 즉, 혁신 성장 유지와 함께 기업의 사회적 책임 간의 적절한 균형이 더 큰 규모의 진화와 발전을 위해서 사회적으로 필요하게 될 가능성이 커진다고 볼 수 있다.

이와 같은 맥락에서 DX 3.0 패러다임에서 주된 정책 문제는 혁신 성장, 공정 경쟁, 디지털 이용자 기본 권리 보호 및 디지털 보편적 서비스 제공, 글로벌 사업자 규제 등이 될 것으로 예상된다. 따라서 DX 3.0 패러다임에서는 이전 패러다임과 비교했을 때 한편으로는 글로벌 디지털 플랫폼 사업자에 대응할 수 있는 국내 미디어 플랫폼 산업의 경쟁력 제고를 위한 진흥정책을 제고하면서도 적절한 미디어 플랫폼 규제체계를 도입하는 것이 장기적으로 매우 중요한 정책 방향이 될 것으로 보이며, 이와 함께 이종 산업 간 융합전략이 혁신 성장 측면에서 부각되면서 추구될 가능성이 높아지고 있다.

그렇다면 이와 같은 DX 3.0 패러다임에서 향후 미디어 플랫폼 산업은 어떤 변화를 겪고, 어떤 전략과 정책 방향이 필요한 것일까? 단기적인 관점에서 보았을 때 현재 미디어 플랫폼 사업자가 해결해야 할 주요 문제 중 하나는 어떻게 높은 콘텐츠 투자비용 부담을 감당하면서 지속 가능한 경쟁력을 유지할 수 있는가이다.

콘텐츠 투자 재원 확보를 위해 그동안 넷플릭스나 디즈니 플러스와 같은 글로벌 사업자들은 글로벌시장 진출을 통해 콘텐츠 규모의 경제를 확보함으로써 일부 문제 해결을 해왔다고 볼 수 있으나, 이와 같은 글로벌 시장 진출을 통한 콘텐츠 규모의 경제(economies of scale) 추구만으로는 심화하는 미디어 플랫폼 시장 경쟁 환경에서 충분하지 않다는 것이 점차 현실이 되어가고 있다. 한국을 포함한 글로벌시장에서 코로나19 기간 동안 SVOD 시장의 급격한 성장기에는 각 플랫폼이 주로 오리지널 콘텐츠 전략을 활용하면서 경쟁력을 강화하려는 전략에 집중했고, 시장 성장과 가입자 수 증가에 대한 기대로 막대한 콘텐츠 투자를 해왔지만, 코로나19 이후 시장 성장세는 예전 같지 않은 상태이고, 시장에 부정적 영향을 주고 있는 글로벌 경제 리스크는 OTT 서비스 호퍼의 사례와 같이 이용자들이 예전보다 비용 대비 서비스 혜택에 더 민감하게 변하면서 스트리밍 서비스에 지출하는 비용을 통제하는 경향을 강화하고 있는 것으로 보인다. 이와 같은 상황에서 오리지널 콘텐츠에 대한 상당한 규모의 투자에도 불구하고 넷플릭스를 제외한 대부분의 주요 SVOD 사업자들이 충분한 수익을 내지 못하고 있는 현실을 고려하면 빠른 시간 내에 대응 전략을 모색하지 못하면 기존 SVOD 사업에서 경쟁력을 회복하기 어려운 상황이 될 수도 있다.

이와 같은 상황에서 향후 국내 미디어 플랫폼 사업자들은 향후 어떤 전략 방향을 모색할 필요가 있을까?

첫째, 여러 다른 글로벌 미디어 플랫폼 사업자와의 뚜렷한 콘텐츠 차별화를 위해 스포츠 중계권 확보를 위한 투자를 현재보다 더 확대할 필요가 있어 보인다. 물론 이미 국내 SVOD 사업자인 티빙의 경우 프로야구 중계권 확보에 3년간 약 1350억 원을 투자한 것으로 알려져 있다. 그럼에도 불구하고 대규모 오리지널 콘텐츠 투자의 성공 불확실성 및 오리지널 콘텐츠의 경우 성공에도 불구하고 OTT 서비스 호퍼가 계속 존재한다는 점을 고려하면 인기 스포츠 콘텐츠에 대한 투자 확대는 스포츠 콘텐츠 중계 계약기간 동안 이용자를 유지할 수 있는 좋은 전략이 될 것으로 보인다. 이런 점을 고려하다면 현재의 '종합 엔터테인먼트 성격의 SVOD 서비스'에서 실시간 스포츠 콘텐츠 중계로 서비스의 포커스에 변화를 주고 브랜드 이미지 구축도 이에 기반하여 상대적으로 차별화할 필요가 있어 보인다. 이와 함께 필요하다면 국내 미디어 플랫폼 사업자들은 국내시장에서 디즈니, 폭스, 워너 브라더스 디스커버리와 같은 '스포츠 미디어 연합 플랫폼'의 사례를 변형하여 모색하거나 스포츠 중계권에 공동투자하고 수익을 나누는 방식도 모색할 수 있을 것으로 보인다. 넷플릭스와 같은 글로벌 미디어 사업자의 경쟁우위가 현재 실시간 콘텐츠보다는 일반적인 엔터테인먼트 콘텐츠에 있는 점을 고려한다면 이와 같은 전략은 글로벌 플랫폼과 국내 미디어 플랫폼이 공존하면서 차별화를 통해 경쟁할 수 있는 가능성을 높여 줄 수 있을 것으로 보인다.

둘째, 국내 미디어 플랫폼 사업자들은 FAST 플랫폼과 전략적 제휴를 향후 모색할 필요가 있다. FAST 플랫폼과의 전략적 제휴는 기존 국내 미디어 플랫폼 사업자들에게 두 가지 측면에서 도움이 될 가능성이 있다. 일단 FAST의 시장 성장 가능성을 고려한다면 SVOD, 저가 광고 기반

SVOD, FAST, IPTV 등 기존 유료방송을 포함하는 결합상품은 기존 국내 SVOD 사업자와 국내 유료방송 사업자들이 기존의 이용자를 유지하는 데 도움을 줄 수 있을 것으로 보인다. 이와 함께, 국내 SVOD, 유료방송 사업자들은 FAST 플랫폼을 통해 간접적으로 해외에 진출할 수 있다. 유료방송 및 SVOD 사업자들은 글로벌 FAST 플랫폼과의 제휴를 통해 추가적인 콘텐츠 수익과 브랜드 인지도를 높일 수 있다. 예를 들어 기존의 유료방송이나 SVOD 콘텐츠를 FAST 채널화하거나 SVOD 플랫폼 브랜드를 유지한 채 FAST 플랫폼 서비스를 병행하는 전략을 활용하면 직접 해외 진출을 하지 않고 간접적으로 하면서 수익성을 제고할 수 있을 것이다. 특히 국내나 한류 확산 지역에서 성공한 기존 콘텐츠를 FAST를 통해 글로벌시장에서 유통하게 하여 콘텐츠 유통 수명을 확장할 수 있을 것이다. 이와 함께 국내 유료방송 사업자, SVOD 사업자, 지상파 사업자 및 방송채널사용 사업자들에게도 FAST 서비스는 전략적 가치가 있다고 판단된다. 특히 IPTV 등 기존의 유료방송 사업자들은 CTV (connected TV)와 기존 콘텐츠를 연결해 주는 플랫폼 역할을 하고 FAST 채널을 기획 및 출시하는 역할을 하면서 글로벌시장에 진출하는 것도 가능할 것이다. 국내시장에서의 전략적 측면에서도 FAST가 활성화될 경우 SVOD, FAST, 유료방송 등 다양한 결합상품은 IPTV 등 기존의 유료방송 가입자를 유지하는 데도 유효한 전략이 될 수 있으며, 지상파 사업자와 방송채널사용 사업자의 경우 향후 FAST 플랫폼상에서 특화된 실시간 채널 제공을 확대하는 것도 선택지가 될 수 있을 것으로 보인다.

향후 FAST와 기존 SVOD 서비스는 당분간 공존할 가능성이 있으며, 향후 미디어 플랫폼 산업의 미래는 FAST와 같은 새로운 미디어 플랫폼 수익모델 도입과 기존의 다양한 OTT 수익모델 간의 창의적 융합, 공존 및 경쟁이 교차할 것으로 보인다. 4~8년의 장기적인 관점에서는 결국 FAST 플랫폼과 스마트 TV를 둘러싼 CTV, SVOD 사업자, 유료방송사, 지상파 사업자 등 다양한 미디어 사업자 간의 다면적인 경쟁과 전략적 제휴가 미디어 플랫폼 산업의 미래를 만들어갈 것으로 보인다. 특히 향후 미국의 혁신적인 TV 플랫폼 제공업체인 Zone TV의 사례와 같이 장기적으로 AI 기반의 FAST 서비스는 이용자의 취향에 맞는 개인화된 맞춤형 채널과 고도화된 타깃 광고 기술을 통해 사용자에게 맞춤형 광고를 제공하며, 광고주에게 높은 효율성을 제공하면서 성장할 것으로 예상되며, 국내 유료방송 플랫폼 사업자들도 이와 같은 개인화된 맞춤형 채널 등 AI 기반의 FAST 서비스를 제공하는 것을 장기적으로 고려할 필요가 있다고 판단된다.

셋째, 오리지널 콘텐츠 전략은 향후에도 추구될 필요성이 있지만 최근의 시장 상황을 고려했을 때 유연성이 필요해 보인다. 오리지널 콘텐츠 제작을 위한 막대한 투자에도 불구하고 오리지널 콘텐츠가 항상 성공한다는 보장이 없을 뿐만 아니라 콘텐츠가 성공한 후에도 이용자가 장기간 서비스를 유지하지 않을 수 있기 때문이다. 따라서 최근 맥스나 아마존 프라임 비디오 등 일부 스트리밍 사업자들의 사례와 같이 기존의 오리지널 콘텐츠는 일정 기간이 지난 후 AVOD, FAST뿐만 아니라 외부 SVOD와 IPTV, 케이블 TV에까지 유통하는 등 현재보다 더 다각화의 수준을 높일 필요가 있다.

이와 같은 DX 3.0 패러다임 속에서 단기적·장기적 관점에서의 미래 변화를 고려했을 때 어떤 정책 방향이 필요한가?

규제체계의 경우, 강한 경제적 규제 중심의 수평규제체계보다는 이용자 기본 권리 보호 및 내용 규제 등 사회적 책임을 강조하는 수평규제체계 도입을 고려할 필요가 있을 것이다. 수평적 규제체계를 미디어 영역에 도입한다면 도입 초기 단계에서는 공적 영역과 민간 영역(또는 산업 영역)을 상대적으로 구분할 수 있는 수평규제체계를 확립하는 것이 중요하다. 공적 영역과 민간 영역의 구분은 정부, 전문가, 업계가 모두 참여하는 미디어정책 관련 위원회를 마련하고 이를 통해서 투명한 정책결정과정을 거치면서 충분한 공론화를 통해 사회적 동의를 얻을 필요가 있을 것으로 보이며, 공적 영역은 주로 공공성과 공적 책임이 더 강조되는 공영방송을 포함한 지상파방송 서비스가 적합할 것으로 보이며, 사적소유와 지배구조를 가지면서 산업적 색채가 더 강한 유료방송 서비스와 동영상 OTT 서비스는 법체계상 분리하면서 수평적 규제체계를 도입할 필요가 있다. 이와 같이 공적 영역을 구분할 경우는 기존의 수직적 규제체계 내에서 기존 방송법 중 공영방송 및 지상파 관련 조항을 통합하여 (가칭) '공공미디어서비스법' 제정을 고려하여 공공영역을 규율하고 공적 영역은 공공성 회복 및 강화에 중점을 두면서 시장에서 제공할 수 없는 콘텐츠와 서비스를 중점적으로 제공할 필요가 있으며, 민간 영역은 콘텐츠-플랫폼-네트워크 각 계층에서 공적 영역과 구분되는 수평적 규제체계를 도입하여 효율성, 자율성, 경쟁 및 혁신 성장 등 주로 경제적 정책목표를 추구하되, 주로 디지털 이용자 보호 및 내용 규제 등 사회적 규제 중심의 규제를 도입할 필요가 있다.

위와 같은 DX 3.0 환경에서의 수평규제체계 도입 시 전제조건 중 하나는 민간 영역의 경우 기존 방송법에 따른 방송미디어 규제보다 완화된 규제를 도입할 필요가 있다는 것이다. 예를 들어 새로운 수평규제체계 하에서는 방송법에서 규율해 온 강한 구조 규제(예: 소유규제, 겸영금지규제)는 완화할 필요가 있으며, 디지털 미디어 플랫폼 사업자로 분류될 경우 기존 방송 관련법보다 '완화된 등록'을 진입규제로 고려할 수 있을 것으로 보이며, 시장 상황과의 정합성이 있는 규제정책 대안을 선택할 필요가 있다.

이와 함께, 글로벌 미디어 플랫폼 사업자들의 해외시장 진출에 따라 콘텐츠 규모의 경제는 미디어 플랫폼 사업의 핵심적 경쟁력 요소가 되었으나, 글로벌 미디어 플랫폼 기업과 비교하여 국내 미디어 플랫폼 사업자는 현실적으로 콘텐츠 규모의 경제를 실현하기는 어려운 상황이다. 이를 고려하여 정부의 국내 미디어 플랫폼 산업경쟁력 제고를 위한 진흥정책도 필요하다. 특히 DX 3.0 환경에서는 이종 기술 및 이종 산업 간 융합이 주요 성장전략이 될 수 있을 뿐만 아니라 국내 플랫폼 산업의 경쟁력에도 매우 중요한 위치를 차지한다는 점을 고려하면 국내 미디어 플랫폼 사업자의 경쟁력 제고는 향후 타 산업의 경쟁력 강화에도 긍정적 영향을 미칠 가능성이 있다.

이와 같은 관점에서 국내 미디어 플랫폼 산업의 경쟁력 제고를 위한 R&D 정책, 미디어 산업 경쟁력 제고를 위한 재원 정책, 미디어 플랫폼-콘텐츠 해외 진출 지원 정책, 미디어 플랫폼 산업 인력양성 지원 정책 등의 진흥정책 과제를 추진할 필요가 있다.

이와 같은 규제정책과 진흥정책의 효과성 제고를 위해서는 ICT·미디어 정책 거버넌스를 개혁하는 일도 필수적이다. DX 3.0 환경에서 미디어 플랫폼의 혁신 성장과 사회적 책무의 균형을 위해서는 현재 여러 부처로 분산된 ICT·미디어 관련 기능의 적절한 통합 및 기능 조정을 통해 효율성과 정책 효과성을 제고할 필요가 있다.

특히 DX 3.0 환경에서 적절한 미디어 플랫폼 정책의 기반이 되는 ICT·미디어 정책 거버넌스는 먼저 공적 영역과 민간(시장) 영역의 적절한 구분이 필요하고, 공적 영역과 민간(시장) 영역의 합리적인 구분은 ICT·미디어정책 거버넌스 개편과 ICT·미디어정책 규제체계개혁의 기반이 될 필요가 있으며, 향후 공적 영역과 민간 영역의 상대적인 구분에 따라 정책이 추구하는 가치의 조화와 균형점을 재배치할 필요가 있다.

이와 같은 규제정책, 진흥정책 및 ICT·미디어 정책 거버넌스 개혁 과제는 투명한 정책결정과정을 통해 충분한 사회적 동의를 얻음으로써 혁신 성장과 민주주의의 균형과 조화를 도모할 필요가 있다.

지은이

이상원

경희대학교 미디어학과 교수. 연세대학교 행정학과를 졸업하고, 미국 조지 워싱턴 대학교(George Washington University)에서 텔레커뮤니케이션 석사, 미국 플로리다 대학교(University of Florida)에서 미디어경제학 전공으로 박사 학위를 받았다. 현재 한국방송학회 부회장 및 경희대학교 미디어혁신연구소 소장을 맡고 있다. 경희대학교 미디어커뮤니케이션대학원장, 한국미디어경영학회 부회장, 사이버커뮤니케이션학회 부회장, 한국엔터테인먼트학회 부회장, 미국 텍사스 대학교(University of Texas at Austin) 풀브라이트(Fulbright) 초빙학자 및 미국 센트럴 미시간 대학교(Central Michigan University)에서 교수를 역임하였고, 미디어 및 ICT 관련 정책기구와 방송·통신·인터넷 사업자에게 다양한 자문을 제공해 왔다.

미디어 및 ICT 산업정책, 미디어 경제경영학 및 디지털 콘텐츠 산업 관련 다양한 연구 활동을 진행하고 있으며, ≪Information Economics and Policy≫, ≪Technological Forecasting and Social Change≫, ≪Telematics and Informatics≫, ≪Journalism and Mass Communication Quarterly≫, ≪International Journal of Advertising≫, ≪방송통신연구≫ 등 다수의 국내외 학술지에 논문을 게재했다. 한국방송학회 저서 부문 학술상, 정보통신 유공 대통령 표창 및 한국방송학회 우현 학술상을 수상한 바 있다.

한울아카데미 2542
DX 3.0 시대의 미디어 플랫폼
전략과 정책

지은이 이상원
펴낸이 김종수
펴낸곳 한울엠플러스(주)
편집 조수임

초판 1쇄 인쇄 2024년 9월 13일
초판 1쇄 발행 2024년 9월 30일

주소 10881 경기도 파주시 광인사길 153 한울시소빌딩 3층
전화 031-955-0655
팩스 031-955-0656
홈페이지 www.hanulmplus.kr
등록번호 제406-2015-000143호

Printed in Korea.
ISBN 978-89-460-7542-9 93070(양장)
978-89-460-8332-5 93070(무선)

※ 책값은 겉표지에 표시되어 있습니다.
※ 무선 제본 책을 교재로 사용하시려면 본사로 연락해 주시기 바랍니다.

※ 이 저서는 MBC재단 방송문화진흥회의 지원을 받아 출간됨